Endlich Ruhestand

So wird der Ruhestand zur besten Zeit deines Lebens

Endlich Ruhestand

So wird der Ruhestand zur besten Zeit deines Lebens

Davina Florina

2. Auflage 06/2019

Bibliografische Informationen der Deutschen Nationalbibliothek

Die Deutsche Nationalbibliothek verzeichnet diese Publikation in der Deutschen Nationalbibliografie. Detaillierte bibliografische Daten sind im Internet über **http://dnb.d-nb.de** abrufbar.

Haftungsausschluss

Die Nutzung dieses Taschenbuchs und die Umsetzung der enthaltenen Informationen, Anleitungen und Strategien erfolgt auf eigenes Risiko. Das gilt auch für die enthaltenen Videos. Die Autoren können für etwaige Schäden jeglicher Art aus keinem Rechtsgrund eine Haftung übernehmen. Haftungsansprüche gegen die Autoren für Schäden materieller oder ideeller Art, die durch die Nutzung oder Nichtnutzung der Informationen bzw. durch die Nutzung fehlerhafter und/oder unvollständiger Informationen verursacht wurden, sind grundsätzlich ausgeschlossen. Rechts- und Schadenersatzansprüche sind daher ausgeschlossen. Dieses Werk wurde sorgfältig erarbeitet und niedergeschrieben. Die Autoren übernehmen jedoch keinerlei Gewähr für die Aktualität, Vollständigkeit und Qualität der Informationen. Druckfehler und Falschinformationen können nicht vollständig ausgeschlossen werden. Es kann keine juristische Verantwortung sowie Haftung in irgendeiner Form für fehlerhafte Angaben von den Autoren übernommen werden.

Vorwort

Im Jahr 1996 kam eine bombastische Neuauflage des Films „Dr. Jekyll and Mr. Hyde“ in die Kinos. Besetzt war der Streifen mit Hochkarätern wie Julia Roberts, John Malkovich oder auch Glenn Close. Du hast übrigens von dem Film noch nie etwas gehört, da können wir wetten. Es war nämlich einer der größten Flops dieser Zeit, und mit Sicherheit der größte Flop in der Geschichte von Julia Roberts, die zu dieser Zeit schon mit ‚Magnolien aus Stahl‘, ‚Pretty Woman‘ und ‚Flatliners‘ zum Star geworden war.

In einer unbedeutenden Szene wird Julia Roberts gezeigt, die gerade die Nachricht vom Tod ihrer Film-Mutter erhalten hat. Da kein Geld für einen Sarg vorhanden ist, muss Julia die Leiche aus einem Schrank im Keller des Bestatters abholen. Habseligkeiten gibt es keine, außer einer Hand voll Geldmünzen. Man hört in dieser Szene Julia Roberts‘ Gedanken aus dem Off:

„DAS IST ALSO DAS ERGEBNIS AM ENDE EINES LEBENS, DAS NUR AUS ARBEIT BESTANDEN HAT“

Ich habe dieses Buch geschrieben, aus dem gleichen Grund, aus welchem Du es gerade in der Hand hältst: Du willst auf keinen Fall, dass Deine letzten Tage so aussehen. Ich will das auch nicht. Deshalb also dieses Buch.

Und noch etwas: dieses Buch handelt nicht davon, dass Du als junge Frau mit 25 Jahren damit hättest anfangen sollen, zwei Mark fünfzig pro Monat auf ein Aktien-Sparkonto einzuzahlen, dann wärest du zum Zeitpunkt Deines Abschiedes aus der Arbeitswelt mehrfacher Millionär. Mir geht es um Dich, um den Menschen, und um die Beziehung zum Rest der Welt, die Du pflegen kannst, sollst oder musst, wenn Du plötzlich richtig viel Zeit hast, nachdem der tägliche Stress mit der Arbeit weggefallen ist.

Inhalt

Einleitung

Jetzt ist es also so weit. Die harte Zeit ist vorbei, die Arbeitswelt, ob strenger Chef oder nervende Mitarbeiter, unfähige Untergebene oder illoyale Partner – am Ende des Lebens als Arbeiterin oder Angestellte gibt es genügend Gründe, sich zu freuen – und jede Menge unangenehme Situationen, die jetzt der Vergangenheit angehören.

Üblicherweise leben die Kinder längst ihr eigenes Leben und die Enkel sind in einem Alter, in dem sie eine Oma richtig gut brauchen können, die immer Zeit hat, die keinen Stress aus der Arbeit mit nach Hause bringt, und diee sich durch nichts die gute Laune verderben lässt.
Genau in dieser Lebenssituation bist Du jetzt und hast damit den Zeitabschnitt vor Dir, der für viele das große Ziel eines ganzen Lebens ist. Also machen wir etwas draus. Das ist unser Plan. Die Planung Deines Ruhestandes.

Jetzt ist schließlich die Zeit für Hobbys, für Aktivitäten, für Abenteuer, für Neues und Bewährtes. Jetzt kommt die Erkenntnis, dass Udo Jürgens schon damals recht hatte, als er sang: mit 66 Jahren da fängt das Leben an. Das muss nicht immer heißen, mit zerrissenen Jeans durch die USA zu trampen, oder mit Freunden eine Rockband zu gründen. Auch wer nicht gleich das ganze Leben umkrempeln will, findet Themen, die sie schon immer interessiert haben, die sie schon immer mal probieren wollte, die sie ein Leben lang vor sich hergeschoben hat, weil nie wirklich die Zeit und die Ruhe dafür gewesen ist.

Ich werde jetzt keineswegs einen ganzen Eimer voll Ideen über Dich auskippen und sagen: jetzt mach mal. Mir geht es um das ganze Bild. Ich möchte auch Themen wie Gesundheit oder Umgang mit Hindernissen ansprechen, und ich möchte auch nicht vergessen oder verschweigen, dass der Ruhestand noch lange nicht bedeutet, dass wir jetzt plötzlich unbegrenzt Geld zum Ausgeben haben, wo doch die Wirklichkeit leider in so vielen Fällen genau das Gegenteil ist.

Also decke ich hier das ganze Thema der kommenden, hoffentlich zahlreichen und gesunden Jahre ab, die jetzt vor Dir liegen, um Dich zu inspirieren, Dir Ideen zu geben und Dich zu vielen unterhaltsamen Aktivitäten zu motivieren. Schließlich leben wir nicht mehr in den Zeiten von Gehstock und Schaukelstuhl, sondern die aktive Pensionärin ist das Trendbild von heute. Bist Du bereit dafür? Dann los.

Kapitel 1

Ruhestand – Die beste Zeit deines Lebens

Das Leben besteht aus Abschnitten, die wieder in Abschnitte unterteilt sind – und die von einem ganz großen Abschnitt umgeben sind. Der kleinste Abschnitt ist die Arbeitswoche, in der man sich darauf freut, dass bald das Wochenende kommt, das einem zwei Tage Ruhe verschafft. Zwei Tage, in denen man Zeit für die Dinge hat, die man persönlich gerne hat. Von Arbeitswoche zu Arbeitswoche ausgesehen, freut man sich auf den Sommer oder die Weihnachtszeit, denn dann kommt der Urlaub. Im Urlaub sind es gleich mehrere Wochen, die nur zum Ausspannen zur Verfügung stehen – oder für spezielle Projekte, die man sich vorgenommen hat.

All die Jahre, die Arbeitswochen und die Urlaube, münden in das große Ziel, nämlich die Zeit, wenn alles nur noch Urlaub ist, in den Ruhestand. Und da gibt es gleich die erste Frage, die sich mir stellt. Ist der erste Tag des Urlaubs, der nie enden wird – ist dieser Tag nicht eigentlich etwas, das man feiern sollte? Wieso gibt es das in unserem Land nicht, dass regelmäßig Pension oder Frührente gefeiert wird? Hier kannst Du gleich einmal zum Trendsetter werden. Lade Freunde und Freundinnen, Verwandte und Ex-Kollegen ein, und schmeiße mal eine richtige Party!

Warum du dir den Ruhestand verdient hast

Es gibt niemanden, der sein Arbeitsleben durch und durch genießt. Man hört und liest selbst von Spitzensportlern, Filmschauspielern, Rockstars und Bestseller-Autoren, dass sie mit Stress, Depressionen, Gefühlen von Sinnlosigkeit und Selbstmordgedanken regelmäßig zu tun haben. Das sind diejenigen Berufe, von denen kleine Jungs träumen, wenn ihnen keiner Grenzen setzt. Auch bei vielen schwerreichen Industriellen geht die Arbeit oft mit sehr skurrilen Eigenheiten einher, vor allem auch oft mit der Entfremdung von der eigenen Familie. Dritte Scheidung? Kinder im Gefängnis oder drogenabhängig? Keiner will das. Und doch sind das normale Vorkommnisse bei Menschen, deren Leben man eigentlich für perfekt halten sollte.

So gilt also für Dich, die wahrscheinlich die meiste Zeit des Lebens zuverlässig morgens zur Arbeit erschienen ist, und abends, wenn alles erledigt war, die Heimfahrt angetreten hat – für Dich gilt: jetzt endet eine Zeit, die es nicht immer gut mit Dir gemeint hat. Aber gerade dafür, dass Du trotzdem drangeblieben bist, dass Du nicht hingeworfen hast, dafür hast Du den jetzt kommenden Abschnitt im Leben voll und ganz verdient. Keine Tretmühle, kein Hamsterrad jeden Tag, keine Verpflichtungen, keine Verantwortung. Genau das ist, wofür Du Dein ganzes Leben lang gearbeitet hast. Und wenn Du jetzt in den Ruhestand kommst, oder gerade in den Ruhestand gekommen bist, dann hast Du das in einer guten Zeit gemacht. Nicht nur die Arbeit, auch die Familie hast Du getragen oder mitgetragen. Verantwortung ist das eine, Vorbildfunktion das andere.

All das hast Du in Deinen jungen und mittelalten Jahren geleistet und gestemmt. Jetzt kommt die Zeit, wo Du nur noch für Dich selber verantwortlich bist, bzw. für Dich und Deinen Mann. Das heißt, ihr müsst euer Geld mit niemandem mehr teilen, und ihr müsst niemandem mehr erklären, was ihr mit eurem Geld macht und warum.

Auch wenn leider die Altersarmut ein Thema ist, das man nicht unter den Teppich kehren darf – wer jetzt noch staatliche Rente kassiert, wessen Kinder aus dem Studium raus und selber im Beruf sind, wer vielleicht sein Haus abbezahlt hat oder zumindest aber in einer deutlich kleineren Wohnung immer noch genug Platz hat, für den kann die Rente durchaus für einen properen Lebensstil ausreichen.

Wer jetzt in den Ruhestand eintritt, der hat zu solchen Zeiten in die Rentenkassen eingezahlt, in denen diese noch nicht leergemolken wurden, um äußerst fragwürdige politische Entscheidungen zu finanzieren. Bestimmt gehe ich jetzt nicht auf einzelne politische Themen ein, aber es sei gesagt, dass Bankenrettung, Migrantenflutung und Energie- bzw. Verkehrswende Löcher in unvorstellbarer Größe in alle öffentlichen Kassen gerissen haben – und diese Löcher werden weiterwachsen. Unsere Kinder werden, wenn nicht eine ganz gewaltige Änderungswelle durchs Land geht, vor leeren Kassen stehen, wenn erst einmal die Zeit für den Ruhestand gekommen ist.
Machen wir uns nichts vor: Du bist in einer guten Zeit in Rente gegangen, die es wohl in der Form für die kommenden Generationen nicht mehr geben wird.

Auch wenn diese Gedanken sicher kurz ein Gefühl der Unruhe erzeugen, so ist dennoch Freude angebracht. Nicht nur darüber, dass Dein Rentenbescheid Dir ein nüchtern betrachtet sehr schönes Leben voraussagt, sondern vor allem, weil Du jetzt in der Blütezeit des Lebens steckst. Auch wenn wir in den Dreißigern noch Marathon laufen konnten, und mit 65 Jahren vielleicht nicht mehr – wir wissen doch alle, was wir mit Anfang dreißig noch für Ideen im Kopf hatten, und welche Thesen wir für schlau hielten. Und mit vierzig waren wir noch nicht viel besser. In Deutschland zählt das vollendete vierzigste Lebensjahr als eine der Voraussetzungen, um zum Bundeskanzler gewählt werden zu können – und nicht nur der Schwabe ist überzeugt, dass man erst mit vierzig gescheit wird – können wir uns sicher noch an viel Unfug erinnern, der in unseren Köpfen war, als wir vierzig Jahre alt waren. Wird das mit fünfzig besser? Gerade die eklatanten Fehlentscheidungen von Industriellen, Politikern oder anderen Leitfiguren in ihren Fünfzigern führen uns immer wieder vor Augen, dass man auch in diesem Alter nicht davor gefeit ist, große Fehler zu begehen. Im Gegenteil: mit fünfzig macht man immer noch gleich viele Fehler, aber die Folgen sind umso schwerwiegender.

Jetzt, im Rentenalter, darfst Du Dich wirklich zurücklehnen und über alle Schnapsideen lächeln, über all die Dinge, die Du heute weißt, und über die Du ganz entspannt nachdenkst. Jetzt ist die Zeit, in der Du Ruhe hast, Kraft, Weisheit und Erfahrung. Jetzt ist die Zeit, in der Du keinem Trend mehr hinterher zu rennen brauchst, in der Du niemandes Erwartungen erfüllen musst, oder irgendjemandem etwas beweisen. Es ist aber vor allem die Zeit, in der Du tatsächlich und faktisch die meisten Dinge besser weißt und besser verstehst. Die Zeit, in der Du sagen kannst, Du hast fast alles schon erlebt und warst selber dabei, weshalb Dir keiner mehr ein X für ein U vormachen kann.

Es ist Deine Zeit. Und die hast Du auch verdient.

Tipp: Mache Dir das mal bewusst, welches Wissen Du angesammelt hast – denke darüber nach, wie gut Deine Firma oder Dein Chef Leute mit Deinem Wissen brauchen könnte – und lehne Dich zurück in der Gewissheit, dass dieses Wissen ab jetzt nur noch Dir dienen wird.

So machst du den Ruhestand zur besten Zeit deines Lebens

Wichtigste Erkenntnis über die Zeit, die jetzt vor Dir liegt: es ist Deine Zeit. Hier redet Dir niemand rein, in das, was Du tust und lässt. Außer mir natürlich. Und ich komme auch gleich mit einer Warnung um die Ecke. Es gibt nun einmal auch das Bild des Rentners, der schon am Vormittag in Pantoffeln vor dem Fernseher sitzt. Ein ganzer Zweig der Unterhaltungsindustrie bedient genau diese Klientel, und füllt sich an diesem Anteil der Gesellschaft die Taschen. Man sieht dies auch an den Fernsehsendungen, die zu dieser Zeit ausgestrahlt werden: Menschen, die um zehn Uhr vormittags Zeit zum Fernsehen haben, werden von den Programmmachern als nicht urteilsfähig betrachtet.

Es ist keine Erfindung, wenn sich Mediziner mit Altersdepression beschäftigen müssen. Es ist auch kein Zufall, dass für dieses Phänomen ein eigener Begriff erschaffen wurde, das Empty Desk Syndrom. Damit ist gemeint, dass die tägliche Routine, wie sie zum Beispiel die Arbeit bereitstellt, für viele Menschen einen Halt darstellt, der ihnen Stabilität gibt. Dies gilt nicht für jeden Typ Mensch, aber für viele. Man kann das Szenario gut erklären mit dem Leben eines Soldaten in der Kaserne, denn dort herrscht das größte denkbare Maß an täglicher Regulierung des Ablaufs. Für viele Menschen wäre dieses Leben nicht vorstellbar, wo zu einer bestimmten Uhrzeit angetreten wird in vorgeschriebener Kleidung, wo zu einer bestimmten Uhrzeit gegessen wird, und wo auch kein Mitspracherecht darüber besteht, was auf den Teller kommt. Es gibt aber auch Menschen, die darüber froh sind, wenn sie über viele kleine Dinge, die den Tag ausmachen, nicht selber entscheiden müssen.

Diesen Menschen gibt es große Sicherheit, dass sie nicht darüber nachdenken müssen, was wann und wie zu tun ist. Solche Menschen können sich im Kasernenleben richtig wohlfühlen. So kommen Menschen auch aus der Arbeitswelt, die täglich wussten, wann die Zähne geputzt werden, wann in welchen Bus oder Zug eingestiegen wird, wann die Arbeit beginnt, und wann sie enden wird. Jetzt liegt das Leben wie ein weißes Blatt Papier vor ihnen – oder eben wie ein leerer Schreibtisch – und plötzlich wissen sie gar nicht, womit sie dieses Blatt füllen sollen. Das ist das Empty Desk Syndrom. Viele Menschen fühlen sich plötzlich überfordert mit dem neuen Dasein, manche fühlen sich sogar nutzlos oder überflüssig. Es mag ein Prozess sein, lernen zu müssen, viele kleine Entscheidungen selber fällen zu müssen, oder es geht um Ideen, die man plötzlich selber haben muss – und die nicht, wie früher, vom Abteilungsleiter, Chef oder Vorstand kamen.

Allein deshalb ist es kein Fehler, diesen Ratgeber schon vorher zu lesen, während man noch in der Arbeit steckt - um die Zeit zu nützen, die man noch hat, bevor es mit dem Pensionärsdasein losgeht. Denn dann ist die perfekte Zeit, um schon einmal manche Entscheidungen zu überdenken, Gedanken zu machen, Überlegungen anzustellen.

Natürlich ist es nicht zu spät, wenn der erste Tag des Ruhestandes mit der Lektüre dieses Buches beginnt – ganz im Gegenteil. Aber die Dinge, die im Rentenalter anders sein werden, müssen nicht erst dann überdacht werden, wenn sie eingetreten sind, sondern sie sind sehr gut geeignet, dass man sie schon einige Monate oder sogar Jahre vorher schon einmal durch den Kopf gehen lässt.

Tipp: Fange früh damit an, Dir über all die Dinge Gedanken zu machen, die im Ruhestand anders sein werden. Das erspart Dir später viel verlorene Zeit.

Deine Chance, dich komplett neu zu erfinden

Mit dem Eintritt in den Ruhestand und der Frage, wie die gewonnene Zeit gut ausgefüllt werden kann, kommt eine Weggabelung, über die man nicht vorher informiert wird, weil einem keiner etwas sagt. Diese Gabelung ist durch eine grundlegende Entscheidung gekennzeichnet. Es geht um die Frage, ob man sich mit Dingen beschäftigen will, die man gut kennt, und mit denen man schon vorher viel zu tun hatte – zum Beispiel im Beruf – oder ob man etwas völlig Neues anfangen möchte. Dies ist keine Entweder-oder-Entscheidung. Viele Menschen haben überhaupt keine Schwierigkeiten damit, sich vorzustellen, beides zu tun. Es gibt auch keinen richtigen oder falschen Weg. Aber es ist gut, zu wissen, dass man mit seinen Gedanken mal über den Tellerrand hinaus wandern darf. Schließlich, auch wenn es nicht das Standardprogramm für jedermann ist, darf der Tramperurlaub nach San Franzisko oder die Hundepension nicht ins Reich der unmöglichen Phantasien abgeschoben werden. Jetzt ist prinzipiell alles möglich! Wer sein Leben völlig umkrempeln will, hat jetzt die Chance dazu, aber nicht die Verpflichtung. Das ist das Schöne an der neuen Freiheit. Selber entscheiden!

Tipp: Fange einfach mal an, zu träumen. Löse Dich von allen Dingen, die Deine Gedanken einschränken, und lasse sie freilaufen. Wenn Du am Ende glücklicher damit bist, wie der Schuster aus dem Sprichwort bei seinen Leisten zu bleiben, dann ist auch das eine gute Entscheidung.

Kapitel 2

Was jede Frau wissen muss, um einen aufregenden Ruhestand genießen zu können

Ich habe jetzt den Ruhestand als weißes Blatt beschrieben, in der Industrie würde man sagen, eine grüne Wiese. Diese Wiese ist endlos in ihrer Weite, was fantastische Möglichkeiten mit sich bringt. Wir dürfen dabei nicht aus den Augen verlieren, dass manche Dinge überhaupt nicht endlos sind, sondern uns Grenzen aufzeigen werden. Das kann unser Körper sein, das kann unsere Gesundheit sein, das kann unsere Lebenszeit sein. Es sind aber auch Faktoren wie Finanzen, Wohnort und Lebensumstände, die uns einschränken können. Schließlich dürfen wir auch nicht vergessen, dass wir Menschen haben, die uns wichtig sind, oder denen wir wichtig sind. Deren Grenzen können auch für uns zur Grenze werden – und wir wären blind, würden wir daran nicht frühzeitig denken.

Ganz wenige dieser Themen sind aber unverrückbar. In der Tat haben wir auf die meisten dieser Umstände großen Einfluss. Ich werde deshalb im Rahmen dieses Ratgebers viel Zeit investieren, um Dir zu zeigen, wo Du überall Einfluss nehmen kannst, auch in den Bereichen, bei denen Dein erster Gedanke sicherlich der ist: das kann man doch nicht ändern! Lies deshalb weiter.

Lebenszeit verlängern durch die richtige Einstellung

Wer genau verstanden hat, was im vergangenen Absatz steht, dem ist sicher aufgefallen, dass es schon dort um die Einstellung geht. Auch die Überschrift des Kapitels ist sicher für den einen oder anderen eine Provokation. Bekommen wir nicht von allen Seiten zu hören, dass wir unserem Leben keine Minute hinzusetzen können, egal was wir tun? Man muss sich klar sein, wie das zu verstehen ist. In der Medizin lesen und hören wir reihenweise von Themen, die unser Leben verkürzen.

- Leben ohne Bewegung bzw. Sport
- Kettenrauchen
- Zu viel fett- bzw. cholesterinreiches Essen
- Rausch- und Betäubungsmittel, ob legal oder illegal, im Übermaß
- Lackier-, Klebe- oder Schleifarbeiten ohne Atemschutz
- Leben in Gebäuden mit asbesthaltigen Baustoffen
- Ungeschützt den Sonnenstrahlen ausgesetzt sein
- ...und so weiter

Die Lebenszeit zu verlängern beginnt ganz einfach damit, erst einmal die Dinge wegzulassen, die das Leben verkürzen.

Man sollt' nicht meinen, wie viel Zeit
der Mensch darauf verwendet,
möglichst Dinge zu tun, die die
Existenz beenden

Jan Vetter alias Farin Urlaub von der Band ‚Die Ärzte' fasste das schon in den neunziger Jahren treffend zusammen, dass ein Großteil des Lebens verbessert werden kann, wenn man nur die schädlichen Dinge weglässt (Song „Gehirn Stürm" von der LP „Die Bestie in Menschengestalt").

Jedoch wird ein Aspekt gerne dabei vergessen, obwohl er immer wieder deutlich zutage tritt: die Einstellung zum Leben. Fast jeder kennt aus dem Bekannten- und Verwandtenkreis Erzählungen von Menschen, die im Sterben liegen, denen es dann überraschend besser geht, die sich mit klarem Verstand von Ihren engsten Mitmenschen verabschieden und dann plötzlich sterben. Man sagt dann: er oder sie wollte nicht mehr.

Während der Zusammenhang zwischen dem täglichen Schweinehalsgrat zum Frühstück und der Fettleber medizinisch leicht hergestellt werden kann, wird es schwierig, die Einstellung eines Menschen zum Leben plausibel und durch knallharte Fakten mit seiner Lebenszeit zu verknüpfen. Zumal fast jeder einen Menschen kennt, der von früh bis spät nur Negativität ausstrahlt, nur an allem etwas zu kritisieren hat, und dessen alleinige Anwesenheit die Laune verdirbt – und genau dieser Mensch am Ende noch ein hohes Alter erreicht.

Dennoch wird heute als erhärtet angenommen, dass eine positive Einstellung zum Leben und zum Dasein zum einen das Leben verlängern kann, zum anderen aber auch dabei hilft, schwere Krankheiten zu besiegen. Und hier kommt zum dritten Mal das Beispiel, dass fast jeder im persönlichen Umfeld jemanden kennt, der eine sehr schwere Krankheit überstanden hat, und jeder hinterher wusste: der wollte noch nicht sterben, der hatte noch Lust auf ein paar Jahre Leben gehabt.

So gelten für viele Situationen im ganz alltäglichen Leben die Regeln zum Thema Einstellung, die sich für viele schon sehr plattgeredet anhören.

- Es gibt keine Probleme, nur Herausforderungen
- In jedem Hindernis muss man die Chance sehen
- Jeder Tunnel hat ein Ende
- Auf Regen folgt Sonnenschein
- Alles hat ein Ende, nur die Wurst hat zwei

So stolpern wir jeden Tag über Situationen, die uns – je nach der Einstellung, die wir mit uns herumtragen – den Tag verschönern aber auch versauen können. Manchem genügt schon der Blick aus dem Fenster und der Vergleich mit dem Wetterbericht aus der Tagesschau: denn es regnet.

Hierauf reagiert die Pessimistin so: „von früh bis spät werden wir belogen, wer weiß, was uns morgen noch blüht!“.

Die Lethargikerin denkt sich: „bei dem Wetter lohnt sich das Rausgehen gar nicht, ich bleibe am besten den ganzen Tag im Bett, tue überhaupt nichts und bemitleide mich selber“.

Die Schwermütige wiederum sieht im Regenwetter, das entgegen der Ankündigung der Wetterfrösche aufkam, einen persönlichen Angriff auf sich selbst, und bezweifelt bei der Gelegenheit gleich den Sinn des Lebens im Allgemeinen.
Wer aber positiv denkt, erinnert sich an die Worte von Thomas Dürr alias Hausmeister Thomas D. aus der Band ‚Die Fantastischen Vier': „Und fällt dem Regen ein, er wollte meinen Wagen ja noch waschen, habe ich euch in meinem Herzen und Musik in den Taschen".

Jetzt kann ich Dich fragen: wer aus den vier Beispielen lebt am längsten und am glücklichsten? So kannst Du jeden Tag neu die Entscheidung fällen, ob Du Dich über Kleinigkeiten wie das Wetter ärgern willst, oder ob Du darin die Chance siehst, eine positive Planänderung umzusetzen. So wie beim Mistwetter, das draußen herrscht: das ist doch eine wunderbare Gelegenheit, mal wieder das Haus oder die Wohnung gründlich durchzuputzen.

Zum Abschluss dieses Kapitels gebe ich Dir den Text des sogenannten Gelassenheitsgebets mit auf den Weg:

Gott, gib mir die Gelassenheit, Dinge hinzunehmen, die ich nicht ändern kann, den Mut, Dinge zu ändern, die ich ändern kann, und die Weisheit, das eine vom anderen zu unterscheiden.

Soziale Kontakte und Freunde sind Gold wert

Oft wird mit Senioren das Bild eines Menschen assoziiert, der alleine zuhause sitzt, von allen vergessen und vom Leben ignoriert. Solch ein Bild kann einen schon depressiv machen. Aber es zeigt sich auch bei diesem Beispiel, wie wichtig die Einstellung zum Leben ist.

Man muss eben bedenken, dass wir in sehr mobilen Zeiten leben. War es früher durchaus normal, in einer Kleinstadt zur Welt zu kommen, und dort auch sein ganzes Leben zu verbringen, so müssen wir heute feststellen, dass unsere alten Freunde von früher inzwischen um den halben Globus verstreut leben. Freunde, die wir früher jede Woche treffen konnten, weil sie per Fahrrad in fünf Minuten erreichbar waren, sehen wir heute einmal im Halbjahr, weil sie zwei Autostunden entfernt leben.

Aber was haben wir mehr als alles andere, wenn wir im Ruhestand sind? Richtig! Zeit. Freundschaften müssen gepflegt werden. Was liegt näher, als die Zeit zu nützen, um seine Freunde live aufzusuchen? Dank der Mobilität, die heutzutage normal geworden ist, sind auch Reisen nicht mehr das Problem, das sie früher einmal waren. Seit das innerdeutsche Bahnmonopol weggefallen ist, können wir an fast jeden Punkt im Land für lächerlich kleine Beträge mit dem Bus fahren. Nein, ich mache jetzt keine Werbung für Flixbus, ich werde noch nicht einmal den Namen erwähnen. Aber durch diese Konkurrenz unter Druck gesetzt, hat auch die Bahn viele Angebote ins Programm genommen, die es ermöglichen, für wenig Geld durch die halbe Republik zu reisen.

Hier hat auch ein bemerkenswerter Wandel in der Kultur stattgefunden. In früheren Zeiten war es eine große Ehre, wenn man von Freunden zum Essen oder zu einer Feier eingeladen wurde. Man sagte sich: dieser Mensch hat sich all diese Mühe gemacht, er hat Essen zubereitet, er hat Getränke serviert – und ich gehöre zu der erlesenen Auswahl an Gästen, die dabei sein dürfen. Heute ist es eher umgekehrt. Heute würde der Mensch denken: ich habe Essen und Trinken vorbereitet, das gehört ja zu einer Feier dazu. Aber mein Freund hat den ganzen Weg auf sich genommen, um meiner Einladung Folge zu leisten – welche Ehre für mich! Früher war es eine Ehre, wenn man eingeladen wurde, und heute ist es eine Ehre, wenn man selber eingeladen hat, dass die Gäste dann auch wirklich vorbeikommen.

Insofern wird also der Reiseweg, den Du auf Dich nimmst, um eine alte Freundin zu besuchen, doppelt so viel wert, weil es nicht mehr selbstverständlich ist. Ich verspreche Dir: sie wird dankbar dafür sein!

Und das ist nicht der einzige Weg, Freundschaften zu pflegen. Neben der Einfachheit, mit der heutzutage Reisen unternommen werden können, haben wir auch noch die modernen Mittel der Telekommunikation, die es uns ermöglichen, mit Freunden per Videochat zu sprechen, und wir müssen dafür noch nicht einmal Geld bezahlen. Niemand hält uns davon ab, diese Mittel auch zu nutzen.

Schließlich bringen die modernen und weltoffenen Zeiten, die durch den Kulturwandel angebrochen sind, auch noch andere Möglichkeiten mit sich. Es folgt ein weiterer Vergleich: wie war es früher und wie ist es heute... Früher war es normal, dass Senioren ihre Zeit mit anderen Senioren verbringen. Diese Grenzen gibt es heute nicht mehr. Heute sind sich Jung und Alt näher als je zuvor. Daher steht dabei auch nichts mehr im Weg, neue Bekanntschaften in der direkten Umgebung zu knüpfen, auch wenn es vom Alter her die eigenen Kinder oder gar Enkel sein könnten.

Mich erinnert das an die Geschichte eines Mannes, der hier im Haus wohnte. Er und seine Frau waren beide über neunzig Jahre alt. Als im Haus ein junges Paar einzog und zum Homewarming einlud, ließen es sich die beiden Senioren nicht nehmen, zur Feier zu erscheinen. Es gab keine Tafel mit Porzellan und Silberbesteck, so wie sie es gewöhnt waren. Also saßen sie auf dem Klappstuhl und hatten ein Stück Pizza mit einer Serviette in der Hand. Auch Biergläser gab es nicht, und so trank er sein Tannenzäpfle aus der Flasche. Da saßen sie also, die beiden, inmitten von jungen Leuten im Studentenalter. Und sie blieben bis fast ans Ende der Feier.

Der Nachbar wurde übrigens 98 Jahre alt, und als er beerdigt wurde, stand die halbe Hausgemeinschaft mit am Grab, obwohl es mitten am Vormittag und mitten unter der Woche war. Du kannst Dir leicht ausrechnen, welche Einstellung dafür gesorgt hat, dass er so alt wurde.

Tipp: Lasse Dir solche Geschichten als Inspiration dienen. Es gibt nämlich überhaupt keinen Grund, einsam und alleine in der Wohnung zu sitzen. Neue Ideen entstehen durch Kontakte und durch Kommunikation. Und wie wir im Verlauf dieses Buches sehen werden, sind es gerade die Ideen, die uns den Ruhestand in eine wahnsinnig tolle Zeit verwandeln werden!

Neue Routinen werden dein Leben zum Positiven verändern

Ich habe ja schon darüber geschrieben, dass man als frisch gebackene Pensionärin vor der Entscheidung steht, was man jetzt mit der Zeit anfangen soll. Es stellt sich aber auch die Frage: mache ich überhaupt etwas, oder nicht. Aus der Studentenzeit kennt sicher jeder das Phänomen: Vor den Prüfungen gibt es eine lange vorlesungsfreie Zeit, damit man Gelegenheit zum Lernen hat. Am ersten Tag dieser Zeit schläft man aber erst einmal gemütlich aus – froh, dass man nicht um acht für die erste Vorlesung im Saal sitzen muss. Dann ist der Kühlschrank leer, aber für eine sinnvolle Arbeit muss der Geist erst einmal Nahrung bekommen. Zu einem richtigen Frühstück gehören auch die richtigen Zutaten, also folgt erst noch ein Gang zum Supermarkt. Vielleicht auch noch ein Gang in die Bibliothek, um sich die nötigen Bücher auszuleihen. Aber dann geht es auch sofort los! Na ja, nicht ganz, denn es ist Mittagszeit, also Pause. Und nach dem Essen sollst Du bekanntlich ruhen, ein kleines Nickerchen ist gut für die Verfassung und für die Verdauung - und es fördert die Konzentration. Du siehst schon, wo das hinläuft. Bis dann tatsächlich der erste Satz in den Notizblock geschrieben ist, hört man im TV schon den Gongschlag von der Tagesschau.

So gehen die Tage dahin, und am Ende steht der Lernmarathon mit durchgearbeiteten Nächten, vielen Kannen von schwarzem Kaffee und dem Begnügen damit, dass eine Zwei oder eine Drei ja auch nicht so schlecht sind, und dass es ja auf das Diplom an sich ankommt, und nicht so sehr auf die Note.

So kann es auch Dir als Pensionärin gehen. Du hast Dir einiges vorgenommen. Dann kommen die alten Weisheiten in den Sinn. „Rom wurde auch nicht an einem Tag erbaut", oder wie der Schwabe sagt: „no net hudla!". Damit ist gemeint, nicht in schädlichen Überaktivismus zu verfallen, sondern Dinge ruhig anzugehen. Dann kommt noch die Gartenbausendung im Fernsehen, die man früher immer versäumt hat, weil sie mitten in die Arbeitszeit fiel. Und so geht es grad weiter. Mit diesem Umgang mit der Zeit können Wochen, Monate und auch Jahre vergeudet werden.

Hier helfen Routinen dabei, einen Rhythmus zu finden, damit nicht der halbe Tag schon vorbei ist, und es wurde noch gar nichts zuwege gebracht. Das kann damit beginnen, dass man täglich zur gleichen Zeit aufsteht. Oder dass man sich die Zeit für einen kleinen Morgenspaziergang nimmt. Hundebesitzer haben das Problem nicht, die müssen das ja sowieso machen. Allen anderen hilft hier die tägliche Übung. Auch Frühstück sollte zu gesetzten Zeiten stattfinden. Und damit nichts fehlt, hast Du ja schon am Vortag in den Kühlschrank geschaut, und warst nötigenfalls nochmal kurz einkaufen.

Neben den alltäglichen Dingen, die ich gerade aufgezählt habe, genauso wie Duschen, Rasieren oder Zähneputzen, kommen die neuen Aktivitäten. Entweder Dinge, die Du Dir vorgenommen hast, neu zu lernen, oder Deine Hobbys, die Du bisher nur so nebenher machen konntest. Und hier muss man keine Beispiele nennen, denn das gilt für jede Art der Freizeitgestaltung. Sei es kreatives Arbeiten, sei es Sport, sei es Bildung, oder sei es eine ganz neue Sache, die von allem ein Bisschen erfordert. Wenn Du Dir schon vorher Zeiten gesetzt hast, zu denen Du das Thema studieren willst durch Lesen, oder die Arbeit vorbereiten, oder Dich mit praktischen Übungen beschäftigen willst, dann wird es Dir nicht nur viel leichter fallen, ganz real täglich damit zu beginnen, sondern Du wirst vor allem spüren, wie Dir der Umgang damit immer mehr Spaß und Kurzweil bereiten wird.

Tipp: Wenn es Dir sehr schwerfällt, die ersten Schritte zu beginnen – ein Problem, das viele Menschen in vielen Situationen haben – dann führe ein System ein, bei dem Du Dich für kleine Erfolge belohnst. Hast Du Dich überwunden und eine Sache angefangen, und hast Du schon ein kleines Ergebnis dabei erzielt, dann gönne Dir etwas Schönes. Das muss auch nicht etwas Schädliches sein, wie ein Glas Wein, Schokolade oder ein Stück Sahnekuchen. Gönne Dir ein kurzes lustiges Video auf YouTube, ein Kreuzworträtsel oder eine Tasse Cappuccino. Etwas, worauf Du Dich freuen kannst, und dass Du Dir sonst nicht gönnen würdest. Die Psychologie bestätigt, dass man den inneren Widerstand auf diese Art dauerhaft brechen kann.

Aufregender Ruhestand durch Ziele, Vorhaben und Ideen

Ich habe Dir im vorangegangenen Kapitel die segensreichen Eigenschaften von Routinen erklärt. Diese sind wichtig, um im Kleinen die Aktivität zu erhalten, die notwendig ist, um überhaupt etwas auf den Weg zu bringen. Sie sind wichtig, damit nicht der Schlendrian das Kommando übernimmt.

Jetzt denkst Du aber nicht an den Ablauf eines einzelnen Tages, sondern an die Sicht auf das Ganze, Du denkst an das große Bild. Und dazu gehört ein Plan. Warum ist das überhaupt wichtig? Weil Du, als Du noch gearbeitet hast, auch nach einem Plan vorgegangen bist. Auch wenn den Plan vielleicht ein anderer für Dich gemacht hat, es war ein Plan, an den Du Dich gehalten hast. Und vor allem: wenn es den Plan nicht gegeben hätte, dann hätte auch nichts funktioniert. Das gilt auch für die Gestaltung Deines Ruhestandes.

Mein Versprechen ist ja eine aufregende Pensionärs Zeit für Dich. Damit das auch geschieht, muss sie eine Struktur haben, sonst passiert nämlich gar nichts. Dann schaust Du am Ende auf Dein Leben zurück, schimpfst auf das Buch hier und sagst, ich hätte Dich über den Tisch gezogen.

Hier gilt wieder die Regel von vorhin, dass die Notwendigkeit eines Plans für jedwede Aktivität gilt. Egal, was Du vorhast. Es ist immer unverzichtbar, eine grobe Idee davon zu haben, womit Du eigentlich beginnen sollst. Auch eine Vorstellung über die benötigten Mittel ist wichtig, ob es jetzt ums Geld geht, oder aber um Platz im Haus, um Werkzeuge, um Helfer oder um Zeit. Und manchmal steht vor dem Erstellen eines Plans die Frage:

wie schreibe ich überhaupt einen Plan? Aber dafür hast Du ja diesen Ratgeber. Ich habe für Dich im Anhang des Buchs einige Vorlagen erstellt, die Dir dabei helfen werden. Mit diesen Vorlagen kannst Du Dir selber Fragen stellen, diese beantworten und dann alle Folgeschritte daraus ableiten.

Du beginnst damit, Dir alle Dinge aufzuschreiben, die Dir so einfallen – von denen Du immer geträumt, sie aber nie gemacht hast, oder Sachen, die Du Dir ganz konkret für die Rentenzeit vorgenommen hast. In dieser Sammlung stellst Du keine Bedingungen an die Idee selbst, fragst Dich also nicht, ob die Idee völlig gesponnen ist, oder ob sie überhaupt machbar ist. Im ersten Schritt schreibst Du einfach alles auf, was Dir einfällt.

Wenn das erledigt ist, dann darf tatsächlich priorisiert werden. Dabei kann auch die eine oder andere Idee komplett rausfliegen. Der Flug zum Mars beispielsweise, oder die Goldmedaille bei den olympischen Spielen. Bei denen, die übrig sind, wird sortiert. Du sortierst danach, was Dir wichtig ist, und danach, was wie schwierig oder wie aufwändig ist. Aus diesen Überlegungen ergibt sich eine Reihenfolge, bei der ganz oben diejenige Aktivität steht, mit der Du beginnen willst, und auch solltest. Mit dem Ablaufplan, den ich Dir am Ende des Buches gebe, kannst Du Schritt für Schritt durchgehen, was für Deine Idee wichtig ist, welche Vorbereitungen Du treffen must, und so weiter.

Tipp: Zweifle auf keinen Fall! In dieser Phase haben Gedanken im Sinne von „das wird doch nichts!“ oder „was werden die Leute denken?“ keinen Platz. Nimm meine Vorlagen und baue Dir einen Plan, vertraue darauf, dass Du das auch alles hinbringst, und freue Dich auf die spannenden Tage, die nun kommen werden.

Mit Familie und Enkelkindern den Ruhestand genießen

Die Familie beginnt eigentlich selbstverständlich mit der Ehe oder Partnerschaft – das haben nur nicht alle. Dieses Buch habe ich für beide geschrieben, also für Alleinstehende genauso wie für diejenigen, die in einer festen Gemeinschaft leben. Wenn Du einen festen Partner neben Dir hast, dann wird der oder die immer ein Teil der Planung sein. Alles andere wäre falsch, deshalb übersieh Deinen Partner nicht.

Es geschieht leider statistisch gesehen viel zu häufig, dass Paare sich im Rentenalter trennen. Man fragt sich dann, warum es ein Paar schafft, die harte Arbeitszeit gemeinsam durchzustehen, gemeinsam die Kinder großzuziehen und zusammen dafür zu sorgen, dass sie das nötige Rüstzeug bekommen, um selber gut funktionierende Familien gründen zu können. Warum gibt es dann plötzlich so viele Trennungen, wenn das Rentenalter endlich da ist? Und die Antwort lautet: Die Schwierigkeiten, die Herausforderungen, die Arbeit – all das war der Kitt für die Partnerschaft. Und wenn der plötzlich weg ist, dann fängt alles zu bröckeln an. Deshalb ist es in festen Partnerschaften so wichtig, den Anderen bei der Planung mit einzubeziehen. Vor allem aber, weil solche Unternehmungen und Aktivitäten gemeinsam in den meisten Fällen auch noch viel mehr Spaß machen.

Es gibt die anderen Fälle. Paare, die einfach so in sich gesetzt sind, dass sie keinen ‚Kitt' für die Ehe brauchen. Dann kann es auch ein Vorteil sein, für sich selber zu planen, da ja die unterschiedlichen Geschlechter unterschiedliche Interessen haben. Und schließlich gibt es noch die Alleinstehenden, die ohnehin schon völlige Freiheit bei der persönlichen Planung haben. Dieser Ratgeber ist für alle gemacht, wo auch immer sie geradestehen.

Im Übrigen lässt sich das auch gut mischen. Gemeinsame Aktivitäten bei Kunst und Kultur, Städtereisen, Ausflüge in die Natur – all diese Dinge sind für alle Geschlechter gleichermaßen interessant. Aber sie müssen nicht Zentrum sein für die umfassende Planung der Rentenzeit. Derlei Freizeitvergnügungen zeigen dem Partner, dass man gerne Dinge gemeinsam unternimmt. Danach kann sich jeder auch wieder seiner eigenen Planung zuwenden.

Und die Planung darf ruhig auch in Richtung des Rests der Familie gehen. Die eigenen Kinder haben jetzt wahrscheinlich Söhne und Töchter im Schul-Alter, oder sie sind noch im Kindergarten. Die denken vielleicht über einen Umzug oder ein eigenes Haus nach. Dort darf man als Mama durchaus noch Hilfe anbieten. Nicht jeder ist heutzutage geschickt im Umgang mit der Kochkunst. Da hat die frischgebackene Rentnerin sicherlich noch viele Tricks auf Lager, die er an die nächste Generation weitergeben kann. Und dies ist nur ein Beispiel dafür, wie die Familie in die Planung mit hineingenommen wird.

Und auch weit abseits der Küche gibt es viele Dinge, die man im Lauf des Lebens lernt, und im Zuge der Erfahrung auch immer besser beherrscht. Steuererklärung? Gebrauchtwagenkauf? Gartentipps fürs Erdbeerbeet? Da können die Jungen immer noch viel von den Alten lernen, nur war früher nie die Zeit dafür da. Und daraus kann auch ruhig ein Handel werden. Hast Du Dich noch nicht mit PCs, Laptops, mit Smartphones und Tablets beschäftigt? Dann lass die Jungen ruhig die Hilfe erwidern, und Du bekommst die wichtigen Dinge beigebracht, die man zu den modernen Geräten wissen muss. So habt ihr beides in einem Aufwasch: gemeinsame Zeit – und jeder hat noch etwas dabei gelernt.

Auch für die Enkel ist die Oma ein unverzichtbarer Schatz an Wissen und Ratschlägen. Wer weiß denn schon noch, wie man Garn und Nadel benutzt, wenn die neue Jeans oder die tolle Bluse gerissen ist? Wer kann helfen, eine Kräutersammlung für den Garten anzulegen? Und wer zeigt den Enkeln, wie man die Weinachtskekse mit Streuseln backt? Auch dabei entsteht wieder die Situation, in der Großeltern und Enkelgeneration gemeinsame und vergnügliche Zeit miteinander verbringen, und dabei noch Wissen über die Generationen weitergegeben wird. Ein langer Ausflug in die Natur und Erklärungen über die Tier- und Pflanzenwelt, die einem dort begegnet, helfen den Enkeln, die Umwelt viel eher zu schätzen, und vermitteln weiteres Wissen. Vielleicht lässt sich die Oma dabei gleich noch die neuesten Games wie Pokémon Go! erklären. Dann versteht sie auch, was bei den heutigen Kindern und Jugendlichen wichtig ist.

Diese Sorte an Freizeitaktivitäten kosten oftmals viel Zeit und Nerven. Der Tochter mag viel beschäftigt sein bei der Arbeit, und auch danach eher den Wunsch nach Ruhe und Entspannung haben. Wenn hier die Oma zur Stelle ist, leistet sie den eigenen Kindern auch noch einen riesigen Dienst.

Auch wenn die Familien der Kinder weit weg wohnen, dann gelten die Erkenntnisse, die wir schon im Kapitel mit den Freunden gewonnen haben. In der heutigen Zeit ist es bequemer denn je, über ein paar Hundert Kilometer weiter an den Wohnort der Familie zu reisen. Fernreisen per Bus und Bahn können bequem über das Smartphone gebucht werden, auch das Ticket ist dann nur noch ein QR-Code in der App auf dem Handy. Und wenn Du Dich mit der Thematik noch nicht beschäftigt hast, dann frag nur mal Deine Kinder oder Enkel, was man mit der DB-App so alles machen kann. Die erklären Dir das sicher gerne.

Ganz alleinstehende Personen – auch die gibt es – können die Zeit als Rentner nutzen, um neue Kontakte zu knüpfen und Freundschaften zu schließen. In fast jeder Stadt gibt es Nachbarschaftsverbindungen, die sich übers Internet kennenlernen, und dann gemeinsame Aktionen planen und unternehmen können. Der Vorteil ist: Du bist nicht in einer Organisation eingebunden wie einem Verein, wo dann Mitgliedsgebühren und manchmal sogar verpflichtende Arbeiten wie Sportplatzpflege fällig werden, sondern bist frei zu entscheiden, was Du gerne tun möchtest.

Diese Nachbarschaftsorganisationen dienen oft zwei Zwecken. Zum einen werden die Mitglieder zusammengeführt, um schöne Zeit gemeinsam zu verbringen. Zum anderen werden auch verschiedene Hilfestellungen ausgetauscht. Ich habe Dir am Anfang des Buches mal gesagt, dass Hundebesitzer es einfach haben, morgens Zeit an der frischen Luft zu verbringen, weil sie es einfach müssen. Suche einfach nach einem Hundebesitzer in der Nachbarschaft, der vielleicht nicht mehr so gut zu Fuß, oder geschäftlich viel auf Reisen ist – der freut sich, wenn Du morgens seinen Hund auf Tour nimmst.

Oft genug entstehen aus diesen Nachbarschaften und den gemeinsamen Unternehmungen echte Partnerschaften und feste Beziehungen. In Zeiten, in denen Eheversprechen nicht mehr durchgezogen, oder gleich weggelassen werden, ist die Zahl der Alleinstehenden größer als je zuvor. Gerade das Rentenalter ist besonders gut geeignet, auf diese Art die neue Liebe zu finden, denn die gemeinsame Zeit, die man dann so gerne miteinander verbringen möchte, die wird nicht unterbrochen durch Arbeit oder andere Verpflichtungen.

Wenn Du gleich den direkten Weg zu einer neuen Partnerschaft suchst, dann kann auch hier das Internet der erste Schritt sein. Viele Organisationen bieten gerade der älteren Generation die Möglichkeit, sich unverbindlich online kennenzulernen, gemeinsame Hobbys herauszufinden und abzugleichen, ob die vorhandene Lebensplanung auch Platz für Aktivitäten an der Seite eines neuen Partners hat. Gerade im Rentenalter kann so ein echter Neubeginn entstehen mit neuer Liebe und einem neuen Partner!

Tipp: Auf keinen Fall zuhause versauern. Die Familie ist immer da – aber Du nicht. Nutze die Zeit!

Die Grundlagen des Lebens im Ruhestand

Ich habe Dir in diesem Kapitel klar gezeigt, dass jetzt für Dich ein neuer Abschnitt beginnt, dessen Fäden Du selber in der Hand hältst. Das ist der wichtigste Aspekt: War Dein Leben vielleicht bis jetzt vor allem fremdbestimmt, durch Arbeit und andere Verpflichtungen, in denen Du insbesondere die Vorhaben ausgeführt hast, die andere sich überlegt haben – so bist Du jetzt an den Schalthebeln und am Steuerruder. Nicht jeder kann mit dieser neuen Freiheit umgehen, deshalb sollen Dir Strukturen und eine selbst aufgestellte Planung dabei helfen. Damit die ganze

Planung nicht als One-Man-Show abläuft, habe ich Dir gezeigt, wieso soziale Kontakte eine wesentliche Rolle spielen, und wie diese am besten aufgebaut werden können.

Damit hast Du die Grundlagen geschaffen, um ganz aktiv und ganz konkret ins neue Leben einzusteigen. Deshalb werden jetzt auch die Themen konkreter. In den folgenden Kapiteln reden wir ganz offen über definierte Themen, über Ideen, über Vorhaben und über deren Umsetzung. Das war sozusagen der theoretische Teil, und jetzt kommt die Praxis an die Reihe.

Ich wünsche Dir, dass dies ein voller Erfolg für Dich wird, dass Du die Energie spürst, die aus der Freiheit kommt, und dass Du Dich daran gewöhnst, mit einem Vorhaben nach dem anderen Ergebnisse zu erzielen.

All dies möge Dir gelingen.

Kapitel 3

Fit und gesund für ein langes Rentnerleben

Ich habe ja schon mehrfach erwähnt, wie gut es ist, wenn man Ausflüge in die Natur unternehmen kann, oder andere Aktivitäten entfalten, die Bewegung und Dynamik in sich tragen. Mir ist bewusst, dass ich immer voraussetze, dass meine Leserinnen (und vielleicht auch Leser) – und das schließt Dich mit ein - noch körperlich fit genug sind, die vorgeschlagenen Unternehmungen auch durchzuführen. Es ist auch klar, dass das nicht bei jedem der Fall ist. Auch an mir ist der Zahn der Zeit nicht spurlos vorübergegangen, und ich musste mich in Zuständen wiederfinden, in denen ein Gang auf die Toilette fünf Minuten und Unterstützung beim Gehen braucht. Das ist inzwischen Schnee von gestern, aber ich habe erlebt, wie das ist. Wenn Du lieber Leser, ein tatsächlich existierendes körperliches Problem hast, dann ist ein Ratgeber-Buch nicht das richtige Mittel! Bei echten körperlichen Gebrechen hast Du Deine Spezialisten, die dafür zuständig sind. Aber ich denke, Du weißt das gut.

Wenn Du aber fit, gesund, geistig und körperlich auf der Höhe, und zudem voller Elan bist, dann ist ein Ratgeber ideal, wenn er Dir Ratschläge gibt, wie dieser Zustand möglichst lange erhalten werden kann. Und das ist es, was wir in den nächsten Kapiteln tun werden. Das ist es, was ich von Anfang an mit Dir vorhabe.

Der Treibstoff deines Körpers: Deine Ernährung

Der römische Dichter Juvenal prägte irgendwann zwischen dem ersten und zweiten Jahrhundert nach Christus den Satz: mens sana in corpore sano – auf Deutsch: ein gesunder Geist in einem gesunden Körper. Ursprünglich auf römische Kirchen-Obere gemünzt, die sich durch Gebete und kirchliche Riten Weisheit erhofften, anstatt ihren Körper und damit ihren Geist in Bewegung zu halten, wurde dieser Sinnspruch in der modernen Zeit zum Aufruf, sich körperlich fit zu halten, woraus auch geistige Fitness folgen würde. Auch wenn dies keine korrekte Wiedergabe des eigentlichen Sinnes Juvenals ist, darf man dennoch an die Richtigkeit dieser Aussage denken, wenn man – so wie wir jetzt – über Fitness und Gesundheit schreibt bzw. liest.

Ein noch weitaus bekannteres Bonmot lautet: man ist, was man isst. Das, was man von früh bis spät in sich hineinstopft, zu dem wird man irgendwann werden. Dieser Spruch taucht, in verschiedenen Varianten, schon seit dem 19. Jahrhundert immer wieder auf. Der Ursprung wird im 18. Jahrhundert vermutet: so hat schon der französische Gastrosoph Jean Anthelme Brillat-Savarin (1755-1826) angeblich vom Zusammenhang zwischen Essen und Sein fabuliert. Von ihm ist der Spruch überliefert: "Sage mir, was du isst, und ich sage dir, wer du bist".

Doch genug der Theorie, genug der Philosophie! Reden wir darüber, was wirklich hilfreich ist. Und hier – das sage ich gleich vorweg – wird es tatsächlich schwierig. Die Abläufe, die im Körper stattfinden, wenn wir essen, verdauen und verstoffwechseln, sind reichlich erforscht worden, aber leider nicht in der Breite verstanden, und was noch viel schlimmer ist: sie sind nicht unter unserer Kontrolle. Die Ernährung an sich ist gar nicht so kompliziert. Alles was wir essen, ob Fett oder Kohlehydrate, ob Zucker, Aminosäuren oder Protein – alles ist im Großen und Ganzen eine Kombination aus Wasserstoff, Sauerstoff und Kohlenstoff in immer wieder anderer Zusammensetzung, manchmal noch mit enthaltenen Stickstoffatomen. Der Körper hat die Fähigkeit, das Eine nach Belieben in das Andere zu verwandeln, und zurück.

Vor dem Hintergrund dieser Anpassungsfähigkeit sollte man annehmen, dass es eigentlich egal ist, in welcher Form man dem Körper diese drei (oder vier) Elemente zuführt. Prinzipiell ist das richtig, nur leider lässt sich der menschliche Körper nicht ins Geschäft reden, er lässt sich nicht befehlen, was er zu tun hat. Der wandelt Zucker in Fett und Fett in Kohlehydrate um, so wie er das will. Leider nicht so, wie wir es uns wünschen würden. Auf die Art kann es passieren, dass die Eine sehr kalorienbewusst lebt, viel frisches Obst und Gemüse isst, und trotzdem über Fettpölsterchen klagt, während die Andere gerne ein köstliches Stück Torte zum Frühstück isst, und den ganzen Tag über vital und springlebendig ist –von Übergewicht keine Spur. So ist das mit dem Körper, der eine verarbeitet das Eine gut, der andere das Andere.
Das ist übrigens der Grund, warum noch keine Diät, die in den letzten 50 Jahren veröffentlicht wurde, auf breiter Basis funktioniert hat. Wenn Du also gesund leben willst, dann gibt es zwei Regeln.

1. Gib Deinem Körper das, was er unbedingt braucht – also Vitamine, Fettsäuren, o.ä. Wieviel und was das mindestens sein muss, das ist ziemlich gut erforscht, und kann einer simplen Tabelle entnommen werden, in die Du nur Dein Alter und das Körpergewicht eintragen musst – zu finden an vielen Stellen im Internet

2. Finde durch abwechselnde Fastenzeiten heraus, was Dein Körper wie gut oder schlecht verträgt. Lasse mal ein paar Wochen alles mit Zucker weg, oder ernähre Dich eine Zeit lang sehr fettarm. Man kann ziemlich schnell beobachten, wie der Körper darauf reagiert

Ich weiß, dass dies so ziemlich allen Ernährungs-Aposteln den Wind aus den Segeln nimmt. Aber auch das ist eine traurige Wahrheit, dass die meisten Gurus in der Branche entweder ideologische Gründe haben – z.B. vegetarische oder vegane Ernährung, Regeln gegen Alkohol oder Schweinefleisch – oder aber sie betreiben die Ernährungsberatung als reines Geschäft, getrieben durch Profitgier. Daher ist es gut, wenn Du lernst, auf Deinen eigenen Körper zu hören. Also nicht nur, was Dich dick macht, sondern auch, wovon Du müde oder schlaff wirst, oder auf der anderen Seite, was Dich hellwach und agil macht.

Tipp: Wenn Du Dich aus anderen Quellen informieren willst, achte immer darauf, ob die Autoren sachliche Informationen liefern, oder ob sie eine ideologische Zielsetzung haben. Wenn am Rand einer Webseite Werbung für PETA oder Greenpeace steht, ist genauso Skepsis angesagt, wie bei einem Abo für das „MEAT"-Magazin.

Tipp Nr. 2: Ideal ist es, wenn Du Spaß an der Arbeit in der Küche hast, und Deine Mahlzeiten selber zubereiten kannst. Dann weißt Du erstens schon einmal, was drin ist – aber damit sich die ganze Arbeit auch lohnt, lade Freunde zum Essen ein, dann tust Du Dir auch da gleich etwas Gutes – siehe Kapitel 2. Im Idealfall findest Du einen Zirkel von Kochbegeisterten und Kochbegeisterinnen, und ihr könnt euch reihum gegenseitig einladen!

Mehr Vitalität und Wohlbefinden durch Sport und Bewegung

Neben der Ernährung ist es kein Zweifel, dass Sport und Bewegung die zweite wichtige Zutat sind, wenn Du einen gesunden Körper behalten willst. Das Gute ist: Du kannst eigentlich nichts falsch machen. Natürlich ist es möglich, sich seine Bandscheiben durch Rennradfahren oder durch Laufen auf Asphalt mit dem falschen Schuhwerk zu ruinieren, oder durch Skifahren mit schlechter Technik die Kniegelenke. Keine Frage – wenn etwas zwickt oder zwackt, dann musst Du Dir von einem Profi – sprich: Arzt

– sagen lassen, was gut ist. Beim gemütlichen Fahrradfahren oder Bergwandern, beim Schwimmen oder beim Tanzen, da kannst Du Dir nur Gutes tun, aber nichts Schlechtes. Frei nach dem Motto: wer rast, rostet nicht.

"Wer rast, rostet nicht. Merckx dir!"
(Asterix, der Gallier, im Band „Asterix als Legionär" von Albert Uderzo und René Goscinny)

Tipp: Denk dran, falls Du jetzt erst mit aktivem Sport beginnst: Schwimmen und Fitness-Studio machen einsam. Wenn Du eine Beschäftigung findest, die man in der Gruppe macht, dann pflegst Du gleichzeitig noch soziale Kontakte, die Dir zusätzlich gut tun werden!

Wie du fit bleibst und Spaß daran hast

Die ganze Thematik Fitness ist ein einziger Jungbrunnen. Wir haben über Ernährung und über Bewegung gesprochen, und Du hast gelesen, wie beides auch noch gut verknüpft werden kann mit dem Pflegen von Freundschaften. Bei der Fitness und dem Streben danach kommt aber eine dritte Komponente ins Spiel, die häufig unerwähnt bleibt. Wir kommen, um uns etwas Bewegung zu verschaffen, aus den vier Wänden heraus. Für manchen mag es Balsam für die Seele sein, auf einer Maschine zu stehen mit schwitzenden Menschen um sich und Dutzenden blinkenden Fernsehschirmen – und sich dort auszutoben.

Viele andere fühlen sich aber eher dort wohl, wo es ruhig ist, in Feld, Wald und Wiesen. Auch Golfplätze sind immer so angelegt, dass sie nicht nur herausfordernde Fairways, Doglegs und Greens bieten, sondern zusätzlich auch herrliche Landschaften. Durch geschickt platzierte Roughs und Water Hazards bieten sie oftmals eine Abgeschiedenheit, die in der Stadt nicht zu finden ist.

Gerade deutsche Großstädte haben üblicherweise große Parkanlagen mitten in der Stadt. Der Englische Garten in München geht fast nahtlos in die Isarauen über, so dass man die ganze Stadt komplett im Grünen durchqueren kann. Berlin hat den Grunwald, der so ausgedehnt ist, dass dort schon Leute gestorben sind, weil sich nicht mehr den Weg nach draußen fanden. Selbst eine Stadt wie Stuttgart hat eine grüne Ader: auf der unbeachteten Seite des Hauptbahnhofs beginnt ein Park, der sich über Rosenstein und Killesberg erstreckt und meilenweite Grünanlagen bietet. Mit direktem Zugang zum Stuttgarter Zoo, der Wilhelma.

Fitness-Studio, Golf und Tennisplatz sind es zwar nicht, aber Flussauen, Parks, Wälder und Berge sind kostenlos. Du kannst, je nachdem, was Deiner Seele guttut, Dir genau aussuchen, wo Du Dich erholen willst, ohne dabei arm zu werden. Und so wie Du es Dir auswählst, kannst Du entweder Alleinsein und Ruhe genießen, oder mitten unter die Leute kommen. Hatten wir das schon erwähnt

– soziale Kontakte sind im Rentenalter besonders wichtig? Ja – da war doch was…

Kapitel 5

Abenteuer Rente – so wird deine Rente niemals langweilig – 20 aufregende Möglichkeiten

Wir werden jetzt noch einen Schritt konkreter und stellen 17 Aktivitäten vor, die sich wunderbar eignen, und die nicht nur dem Ausfüllen der Zeit dienen, sondern die hier der Seele guttun, da für soziale Kontakte sorgend, und die dort vielleicht auch noch ein Nebeneinkommen bringen – oder aber Anderen helfen, ohne dafür die Hand aufzuhalten.

Reisen

Wem muss man das noch sagen: Wenn einer eine Reise tut, dann kann er was erleben. Sicher haben wir uns in jungen Jahren die fernsten Reiseziele herbeigesehnt, Thailand, Australien oder Kanada. Viele haben diese Zeit auch genutzt, um sich solche Reisewünsche zu erfüllen. Für andere kommt diese Gelegenheit erst jetzt, in der Rentenzeit. Und wieder bist Du in der segensreichen Position, dass Du Dich entscheiden kannst, worauf Du Lust hast. Das Schöne daran: Konkurrenzdruck durch die vielen Anbieter und die Transparenz durch das Internet haben dafür gesorgt, dass es an allen Ecken und Enden supergünstige Angebote gibt. Da Du keine Rücksicht auf Kinder nehmen musst, kannst Du Dich sogar auf das Abenteuer einlassen, einfach in ein Last-Minute-

Reisebüro zu gehen, und zu sehen, was dort gerade günstig ist.

Kennst Du den Spruch – viele Leute kennen den ganzen Globus, aber das eigene Land nicht? In Deutschland gibt es eine Vielfalt an verschiedenen Landschaften, Städten mit Sehenswürdigkeiten und Freizeitmöglichkeiten, die ihresgleichen suchen. Jetzt kannst Du Dir also Deinen ganz speziellen Reiseplan zusammenstellen – und dank des Internets findest Du das perfekte Dreieck aus Verfügbarkeit, Fernweh und Reisebudget. Jetzt, wo Du auf niemanden Rücksicht nehmen musst, vor allem nicht auf schulpflichtige Kinder, kannst Du verreisen, wann Du willst. Außerhalb der Ferienzeiten im Sommer und um die großen Feiertage wie Ostern und Weihnachten sind viele Urlaubsgegenden dankbar für jeden Gast, was sich wieder positiv auf die Preise auswirkt. Konkurrenz belebt das Geschäft, und für Dich als Konsument bedeutet das eine riesige Auswahl zu günstigsten Preisen.

Bei der Wahl Deines Reiseziels lass‘ Dir mal diese kleine Anekdote durch den Kopf gehen, von einem Mann, der mitten im dichten Wald auf einem mittelhohen Berg in Schweden stand. Eine junge Frau aus Schweden, die in der Nähe war, sagte zu ihm: „siehst Du irgendein Haus, eine Straße, ein Auto? Nichts. Nur Natur, Wälder und Grün. Und so geht das hunderte Kilometer weiter.“ Als der Mann wieder zu Hause in Deutschland war, beschloss er, nie wieder nach Schweden zu fahren. Ihm war klar: Er kann immer nur einen Berg vor sich sehen und in einem einzigen Wald stehen, da macht es keinen Unterschied, ob danach noch zwanzig Berge oder hundert Kilometer Wald kommen, weil er die gar nicht wahrnimmt. Gegenden, in denen er in alle Richtungen nur Wald und Berge sieht, die gibt es auch im Siebengebirge, im Taunus, im Odenwald, im Harz, im Thüringer oder im Bayrischen Wald, in der Pfalz oder im Schwarzwald. Dazu muss kein Mensch eine Reise nach Schweden unternehmen.

Tipp: Überlege Dir mit Gedanken an die Anekdote, was Du suchst, und was Du bekommen wirst für Dein Geld. Wenn Du in der Karibik auf einem Kreuzfahrtschiff stehst, dann sieht das Meer genau so aus, wie der Ärmelkanal. Das höchste Kirchengebäude steht in Köln, und wenn Du eine Freiheitsstatue von Frédéric-Auguste Bartholdi sehen willst, musst Du nicht bis nach New York fahren, sondern Du findest auch eine in Colmar im Elsass.

Gärtnern und Eigenanbau mit System

Hättest Du es gewusst? 460 km^2 Fläche in Deutschland entfallen auf Schrebergärten. Die Kultur dieser Kleingartenanlagen ist in ganz Deutschland verbreitet, bei den Schwaben genauso wie bei den Preußen in Berlin. Dabei weist die Stadt oder Gemeinde ein Stück Land für den Kleingartenbau aus, manchmal wird das Gebiet mit Trinkwasser, seltener mit Strom und ganz selten mit Abwasser erschlossen. Dieses Stück Land wird in Parzellen aufgeteilt, und diese Parzellen werden an die Interessenten verpachtet. Darauf dürfen – unter oft streng reglementierten Auflagen – Brunnen, Rasenflächen, Gartenlauben und Bäume angelegt werden. Wenn Du selber Land besitzt, dann wird das für Dich nicht interessant sein – ansonsten lohnt es sich aber, mal bei der Gemeinde anzufragen, wo die entsprechenden Flächen zu finden sind. Geben tut es die überall. Keine Gegend in Deutschland, wo keine Schrebergärten zu finden sind, auch wenn sie – je nach Region – auch Datsche oder Beunde oder Pünt genannt werden.

In einem Schrebergarten darf fast alles angebaut werden, was einem so einfällt. Einzig beim Baumbestand sind oft örtliche Beschränkungen vorhanden. Wenn Du aber Erdbeeren im Mai oder Trauben im Herbst – oder gar Kohl im November frisch ernten willst, dann wird Dir niemand dabei ins Geschäft reden.

Wenn Du ein Freund von ganzheitlichem Anbau bist, dann befindest Du Dich bei den Schrebergärtnern in bester Gesellschaft. Ein Großteil der Kleingärten wird nur von Regenwasser bewässert, kommt ohne chemische Schädlingsbekämpfung aus und benützt Kompost aus eigenen Gartenabfällen als hauptsächlichen Dünger. Nach einigen Jahren, in denen auch die Hausabfälle in den Kompost gewandert sind, die dafür geeignet sind, stellen die Anbauflächen eines Schrebergartens einen mustergültigen Mutterboden für allerlei Pflanzen zur Verfügung.

Die Gärtnerei teilt sich in drei Hauptbereiche auf:

- Nutzpflanzen
- Zierpflanzen
- Luxuspflanzen

Der typische Kleingärtner versucht, seinen Bedarf an frischem Gemüse aus dem Eigenanbau zu decken: Wurzelgemüse, Kohl und Salat. Daneben ist es auch ein spannendes Abenteuer, Ziersträucher oder Blumen zu züchten, die später nur das Zuhause oder den Garten selber schmücken werden. Viele Hobbygärtner nutzen die Gelegenheit, um stattdessen exotische Früchte anzupflanzen, die es sonst nur in teuren Feinschmeckergeschäften zu kaufen gibt, oder sie wollen die süßesten und saftigsten Erdbeeren essen, die es eben nur im heimischen Schrebergarten gibt. Hättest Du gewusst, dass im deutschen Klima Kiwis wachsen und gedeihen? Stell Dir mal die Gesichter vor, wenn Du im Sportverein Kiwis aus eigenem Anbau verteilst!

Egal, in welche Richtung Deine Ambitionen sich entwickeln – eines haben alle gemeinsam: wer mit dem Anbau einmal anfängt, wird nie mehr Mangel an Arbeit haben.

Wenn Du keinen Garten hast, dann heißt das noch lange nicht, dass Du nichts anbauen kannst. Der Balkonkasten ist ideal geeignet, vor allem für Küchenkräuter. Salbei wächst mehrjährig, genau wie Schnittlauch, Rosmarin und Thymian. Kresse, Petersilie, Kerbel und Pimpinelle säst Du im Frühjahr aus und kannst fast das ganze Jahr über ernten. Sag Deinen Freunden, dass Du den Salat, den Braten oder den Fisch mit frischen Kräutern aus dem

Balkonkasten verfeinert hast. Staunen und Anerkennung sind garantiert!

Handwerkern/Heimwerkern

Es gibt einen guten Grund, warum es auf der ganzen Welt teuer produzierte Fernsehsendungen zum Thema Heimwerken und Handwerken gibt. Und noch etwas: Deutschland ist nicht nur Exportland für Autos und Maschinen, sondern auch für Einkaufsladenkonzepte. Mögen Aldi und Lidl in der ganzen Welt zu finden sein, das gilt alles nichts. Vor allem Obi ist ein internationales Phänomen, das auch außerhalb Deutschlands zum Synonym für Do-it-yourself-Märkte geworden ist.

Warum? Das ist ja keine Frage. Mit Werkzeugen in der Hand kaputte Dinge in funktionierende zu verwandeln, trägt eine Befriedigung in sich, die mit Wenigem zu vergleichen ist. Zum einen ist da die deutsche Kultur, in der das Selbermachen immer schon hochgeschätzt wurde. Während in anderen Ländern die Dienstleistungsgesellschaft Einzug gehalten hat, will der Deutsche lieber alles selber machen. So ist es hierzulande einfach schön, wenn man eine Lampe aufgehängt, einen Abfluss durchgepustet oder eine Gangschaltung am Fahrrad ausgewechselt hat – und man weiß genau, hätte man einen Handwerker bestellt, wären einige Euros dafür fällig gewesen, die man sich dadurch gespart hat.

Menschen, die sich schon ihr Leben lang mit dem Handwerk beschäftigen, wissen eines: Allein die Beschäftigung mit diesen Tätigkeiten tut schon der Seele gut. Ob Du also an eigenen Projekten arbeitest, die Dir gerade wichtig sind – Vogelhaus für den Winter?

Modelleisenbahn? Schmiedeeiserne Skulptur für die Kunstausstellung? – oder ob Dein handwerkliches Talent einfach eingesetzt wird, damit normale sterbliche Menschen nicht bei jedem Malheur einen teuren Handwerker kommen lassen müssen, es ist in jedem Fall ein Segen und Balsam für die Seele.

Du kannst Dir überlegen, ob diese Tätigkeiten in ein geldbringendes Geschäft ausgebaut werden, oder ob Du Dich einfach zur Verfügung stellst, um denjenigen Leuten zu helfen, die selber nicht mehr weiterwissen. In jedem Fall tust Du Dir und den anderen um Dich herum einen unersetzlichen Dienst.

Auch wenn Du kein handwerkliches Genie bist, Dich aber für die Thematik interessierst, dann ist das eine gute Ausgangsbasis. Im Grunde brauchst Du nicht viel mehr, als ein rudimentäres Interesse an der Bearbeitung von Materialien, der Verwendung von Werkzeugen oder dem Lesen von komplexen Plänen. Was an wirklichem Wissen nötig ist, kannst Du Dir dann anlesen, oder – was oft noch bequemer ist – Dir in Lehrvideos auf YouTube anschauen. Viele Menschen weltweit haben es sich zur Aufgabe gemacht, alle möglichen Dinge, die sie wissen, auf YouTube-Videos zu veröffentlichen. Für Dich bedeutet das, auch wenn Du gar nichts weißt – Du kannst es auf YouTube lernen.

Netzwerken – neue Leute kennenlernen

Beim Netzwerken denkt wahrscheinlich jeder sofort an Facebook und Instagram. Dennoch gibt es immer neben der virtuellen Welt auch das echte Leben. Meine Ratgeber behandeln immer das ganze Bild, also schreibe ich jetzt zu beidem etwas.

Fangen wir mit der Online-Welt an. Facebook – aber auch die Business-Varianten Xing oder Linked-In – sind soziale Netzwerke, die dazu dienen, Kontakte zu knüpfen. Oftmals zielen diese Kontakte darauf ab, immer virtuell zu bleiben. Andere Portale sind darauf ausgelegt, dass aus dem virtuellen Kontakt ein echter Kontakt werden soll – eine Freundschaft, eine Liebesbeziehung oder auch eine reine Sex-Geschichte. Da es so viele verschiedene Schattierungen gibt, behandeln wir sie einfach alle gleich. Denn eines steht immer im Mittelpunkt: Man gibt etwas von sich selber preis und erhält dafür etwas von dem oder der Anderen. So lernt man sich kennen. Wenn es dann praktisch, sinnvoll oder sonst wie erstrebenswert erscheint, wird der Online-Kontakt auf die reelle Ebene verlagert.

Bei dieser Art von Kontakten gibt es eine Grundregel, die besagt, dass es sich niemals lohnt, Unsinn zu schreiben. Wenn es um erste Kontaktsuche geht, ist es immer besser, die Dinge so zu beschreiben, wie sie wirklich sind. Schließlich ist ein soziales Medium kein Phantasieroman. Wenn es also darum geht, zu beschreiben, wer Du bist und wofür Du einstehst, zeichne kein Idealbild von Dir, sondern zähle ehrlich auf, was Dich ausmacht. Egal ob es um Geschäft, private Freundschaften, Sport- und Freizeitkontakte geht oder um die große Liebe – in keinem Fall lohnt sich die Übertreibung oder die falsche

Angabe. Irgendwann fliegt es auf und dann ist der Kontakt dauerhaft beschädigt.

Anders sieht es aus bei Portalen, deren Ziel es ist, virtuell zu bleiben. Dies können Diskussionsportale über die Themen Sport, oder Kunst und Kultur sein, aber auch Literatur, Politik oder Religion. Dabei wird über Nachrichten und Chatfenster kommuniziert, und die gekonnte Übertreibung der eigenen Fähigkeiten ist dabei ein Teil des Programms. Wer also Spaß daran hat, sich rein virtuell die tollsten Thesen um die Ohren zu hauen, kann sich im Internet sehr gut austoben.

Tipp: Eine ideale Mischung aus Geist und Chaos findet sich auf Internetportalen für Amateur-Autoren. Dort posten die Schreiberlinge ihre jüngsten Werke und diskutieren dann darüber, wer den besten Unsinn zusammengeschrieben hat. In diesen Foren sind viele intelligente Menschen Mitglied, die aber alle das Leben nicht zu ernst nehmen. Des reinen Amüsements wegen ist diese Klientel als ideal zu bezeichnen.

Lesen und schreiben

Die gerade angesprochenen Foren für Autoren und solche, die es werden wollen, eignen sich nicht nur zum Diskutieren, sondern – wer hätte das gedacht? – sie sind vor allem zum Lesen und Schreiben ideal. Für den Lese-Interessierten gibt es viel und vor allem abwechslungsreiche Kost zum Lesen, die auch noch den Vorteil hat, nichts zu kosten. Wenn Du Dich selber im Schreiben probieren willst – oder wenn Du schon ein gut trainierter Schreiber bist – dann kannst Du auf solchen Foren Deine Werke dem Kritischen Auge der anderen Mitglieder aussetzen. Das ist für die ersten Schreibversuche absolut hilfreich!

Die Königsdisziplin ist natürlich, ein eigenes Buch herauszubringen und zu veröffentlichen. Dank E-Books und Print-on-Demand ist das einfacher als je zuvor. Dazu gibt es die Möglichkeit, sich eine ISBN zu besorgen (das kostet netto 70 Euro auf www.isbn-shop.de) – damit wird aus der eigenen Firma automatisch ein Verlag. Dann schreibst Du Dein Buch und kannst es sofort verkaufen. Ein paar Mindestangaben müssen im Impressum und der Schutzrechtserklärung drinstehen, aber dann kann es losgehen nach Belieben. Du kannst sogar Dein Buchcover selber entwerfen. Foto von Dir drauf – alles kein Problem. Und dann verkaufst Du es als E-Book auf digistore24.com oder einer anderen Plattform für digitale Produkte.

Noch einfacher macht es Dir Amazon. Dort lädst Du einfach nur Dein Manuskript und das Buchcover hoch, alles andere erledigt Amazon.

Auch wenn Du nur lesen willst, sind E-Books ideal. Zum einen brauchst Du keinen unhandlichen Bücherschrank. Zum anderen sind E-Books einfach billiger. Wenn Du Dich mal auf Amazon umsiehst, wirst Du E-Books finden, die verschenkt werden – meistens von jungen Autoren, die erstmal Verbreitung finden wollen. Andere verkaufen ihre Bücher für 99 Cent. Auf jeden Fall bekommst Du eine Menge zu lesen für wenig Geld. Nur bei den Top-Autoren darfst Du keine Schnäppchen erwarten: John Grisham und Steven King gibt es auch als E-Book nicht am Wühltisch.

Soziales Engagement – Anderen helfen zur Lebensaufgabe machen

Wer seine eigene Zeit, Kraft und Energie opfert, um selbstlos anderen zu helfen, die die Hilfe dringender brauchen, der ist ein wirklicher Held. Wenn Du Dir überlegst, Dich hier zu engagieren, dann darfst Du Dir sicher sein, dass Du abends voller Stolz und mit einem guten Gefühl ins Bett gehst.

Es gibt allerdings ein Aber: Ehrenamt und soziale Tätigkeiten sind ein zweischneidiges Schwert. Auf der einen Seite werden Menschen, die in Ihrer Freizeit Ehrenämter ausüben, gerne über den grünen Klee gelobt. Seit aber bekannt wurde, dass die Bundesregierung die ehrenamtlichen Helfer der Tafeln in die soziale Versorgung der Ärmsten in Deutschland mit einkalkuliert hat, fühlen sich viele von ihnen ausgenützt, wenn nicht geradewegs verarscht.

Du musst aber nicht immer in einer der großen Organisationen untergebracht sein, wenn Du Dich unentgeltlich nützlich machen willst. Damit Du gar nicht im Getriebe einer Riesenmaschinerie untergehst, kannst Du Dich direkt vor Ort anbieten. Viele Alleinstehende können sich in ständig vorkommenden Situationen nicht selber helfen. Probleme mit dem Computer, kaputtes Fahrrad oder Reifenwechsel nach der Winter- oder Sommersaison – für all diese Dinge müssen viele Menschen zum Spezialisten gehen, weil sie es alleine nicht richten können. Dort wird ihnen viel Geld aus der Tasche gezogen. Wenn Du die entsprechenden Fähigkeiten besitzt, dann sind die meisten Dinge für Dich eine Kleinigkeit.

Auch für diese Fälle ist das Internet ein wunderbarer Helfer. Auf Seiten wie nebenan.de kannst Du Deinen Namen eintragen, sowie die Dinge, in denen Du gut bist und wo Du gerne helfen möchtest. Wer Hilfe benötigt sucht einfach auf der Plattform, wer in der Nähe diese Expertise besitzt und fragt dann direkt bei Dir an. Aber Vorsicht: wenn Du Computer reparieren kannst, dann wisse, Du wirst gleich vom ersten Tag an ausgebucht sein bis zur Rente – was nicht weiter stört, da Du ja schon in der Rente bist. Zum Totlachen!

Spaziergänge an den schönsten Orten (Wald, See, Strand, Burgen, Städte)

Spaziergänge sind ein guter Zeitvertreib, um frische Luft zu atmen und den Kopf frei zu bekommen. Aber viel mehr muss ich dazu eigentlich nicht mehr sagen. Wo in Deiner Nähe die schönsten Wälder, Flüsse oder Seen sind, schöne Gebäude, nette Städtchen oder sonstige sehenswerte Spazierwege, das weißt Du ja selber am besten. Und dass man dazu einen Fuß vor den anderen setzt, muss Dir ja auch niemand mehr erklären. Aber es soll niemand behaupten können, ich hätte das Thema nicht angesprochen.

Haustiere – Freunde für das Leben

Dieses Kapitel könnte auch das ganze Buch füllen. Schließlich gibt es ganze Bibliotheken nur für Tipps zur Pflege von Hunden, Katzen, Hasen und anderen Haustieren. Hier geht es nicht darum, Dir zu erklären, was Dein Wellensittich gerne zum Frühstück ist (Du weißt es eh: Jod SL Körnchen!). Aber wir geben Dir Ideen, was Du so alles in die reichhaltige Zeit packen kannst, die Dir als Rentner zur Verfügung steht.

Die Wahl des Tiers entspricht dem Charakter des Halters. Hunde machen viel Arbeit und sie vergelten es mit einem sehr anhänglichen und devoten Wesen, während Katzen weitgehend selbständig sind, sich dafür aber selten etwas vorschreiben lassen. Zierfische und -vögel sind eher neutral, stellen aber insofern eine interessante Beschäftigung dar, als man sie gut züchten kann, wenn man das notwendige Wissen besitzt. Der Bau eines großzügigen Vogelgeheges oder Aquariums ist genauso eine faszinierende Aufgabe für die Heimwerkerin, wie die Gestaltung eines Biotops für Reptilien oder Amphibien.

Der große Vorteil für Dich ist, dass Du Dir in aller Ruhe raussuchen kannst, welches Tier für Dich ideal ist. Niemand hetzt Dich und keine Deadline wartet auf Deine Entscheidung. Und noch etwas: gerade gängige Tiere werden immer mal wieder verschenkt, wenn sie sich ungewollt vermehrt haben. Damit ist die Anschaffung meist kostenlos. Es ist zwar eine nette Geste, ein verstoßenes Tier aus dem Zwinger zu nehmen, aber bedenke dabei: die Tiere sind nicht ohne Grund im Heim. Ein verhaltensgestörtes Haustier kann Dir am Ende mehr Ärger machen als Freude. Wenn Du Dir die nötige Zeit nimmst, kannst Du aber vielleicht auch dort Deinen vierbeinigen Freund fürs Leben finden.

Nutztiere – Hühner, Schweine oder Schafe halten

Reden wir nicht drum herum: wenn Du im Stadtzentrum von Dortmund lebst, dann fange nicht an, über Nutztiere nachzudenken, sondern überspringe dieses Kapitel. Anders sieht es aus, wenn Du am Stadtrand oder auf dem Land wohnst - dann sieht das schon anders aus. Besonders, wenn Du einen großen Garten hast, auf dem auch Platz für entsprechende Stallungen oder Gehege sind. Wiederum: wie die einzelnen Tiere zu pflegen sind, muss individuell aus anderen Büchern gelernt werden. Aber für die Ideen bin ich gerne zuständig. Deshalb hier noch ein paar Anmerkungen für die Auswahl.

Kleinere Tiere wie Hühner oder Gänse sind problemlos zu halten. Sie machen wenig Mist und können auch eine Zeitlang ohne besondere Zuwendung auskommen. Wenn Hühner zu wenig zum Fressen haben, dann hören sie auf, Eier zu legen. Aber Du kannst ruhig mal für eine Woche im Urlaub sein, davon sterben sie nicht.

Schafe sind ebenfalls eher problemlos, vor allem wenn Du viele Grünflächen hast. Dann können sie sich vom Gras nahezu vollständig ernähren. Der Mist, den sie dabei produzieren, düngt den Rasen und wird dadurch ohne Aufwand entsorgt. Denk Dir aber nicht, dass Du für die Wolle nach der Schur viel Geld bekommst. Leider ist der Markt ziemlich am Boden. Wenn Du Dir aber die Arbeit machen willst mit Waschen, Kämmen und Spinnen der Wolle, und wenn Du dann noch jemanden findest, der Dir daraus eine Mütze oder eine Trachtenweste strickt, dann hast Du ein absolut einzigartiges Kleidungsstück!

Bei größeren Tieren wie Schweinen, Pferden oder Kühen musst Du Dir vorher Gedanken machen, wo der Mist hinsoll. Fast überall gilt die Verpflichtung, den Mist auf dem eigenen Land zu entsorgen, oder für die Abholung eine Gebühr zu bezahlen. Auch ist es wichtig, sich vorher zu informieren, welche Impfungen und tierärztliche Untersuchungen Pflicht sind, wer diese durchführen kann, und welche Kosten dadurch auf Dich zukommen.

Tipp: Wenn Du Dir ein Nutztier anschaffst, dann denke vorher darüber nach, dass irgendwann die Zeit gekommen ist, dass der Hase mit seinen Schwarzen Kulleraugen in den Backofen wandert, oder die unschuldige Sau zu Schinken und Würsten verarbeitet wird. Deshalb baue zu Nutztieren nicht die emotionale Beziehung auf, wie Du es mit Haustieren machen würdest.

Geocaching – Wandern mit Zielen

Ein nicht völlig neuer aber doch noch recht junger Trend ist das Geocaching. Dazu benötigst Du ein GPS-fähiges Gerät, also zum Beispiel ein Smartphone. Es gibt auch speziell für Caching produzierte GPS-Geräte, die im Übrigen gar nicht so teuer sind. Im Internet besorgst Du Dir die Koordinaten, und schon kann die Suche losgehen. Der „Schatz“ besteht normalerweise aus einer kleinen Filmdose oder einem Überraschungs-Ei mit einem Logbuch, auf dem Du einträgst, dass Du den Cache gefunden hast. Manchmal gibt es auch eine Tupperdose mit einem tatsächlichen Schatz darin, also einer Kleinigkeit, die Du rausnehmen und behalten darfst. Es gehört zum guten Ton, dann auch wieder eine Kleinigkeit reinzulegen, zum Beispiel eine Münze aus dem Urlaub oder so.

Bei vielen Schatzsuchen wirst Du nicht nur an einen Ort geleitet, sondern Du musst Dich über verschiedene Stationen vorarbeiten. Es werden Dir Rätselaufgaben gestellt oder andere Dinge abverlangt wie Kletterpartien. Wenn Du ganz aktiv sein willst, dann kannst Du Dir auch selber Aufgaben ausdenken und Deinen eigenen Cache auslegen. Der Phantasie sind keine Grenzen dabei gesetzt, und Regeln gibt es auch keine. Außer vielleicht derjenigen, private Grundstücke bei der Schatzsuche zu respektieren – aber das versteht sich ja fast von selbst.

Tipp: Mit der Verbreitung der Digitalfotografie sterben die Filmdöschen so langsam aus. Wenn Du noch welche rumliegen hast, schmeiße sie auf keinen Fall weg!

Eine ganz neue Welt: Das Internet

Wir haben im Kapitel über Networking schon Internetportale angesprochen, die Kontakte herstellen und Austausch ermöglichen. Vor allem aber ist das Internet eine unerschöpfliche Quelle an Informationen. Es spielt überhaupt keine Rolle, über welches Thema Du Dich gerne informieren willst – Du wirst gutes Material im Internet finden. Auch wenn es wissenschaftliche Arbeiten über Gensplicing oder Kernspaltung sein sollen – es gibt wirklich alles. Lasse Dich nicht beirren durch die Bundesregierung um Angela Merkel, für die das Internet

Neuland ist, sondern sei offen für die moderne Technologie.

Daneben ist das Internet auch noch ein Füllhorn für Dinge, die man konsumieren kann. Bilder oder Filme – ja, auch die ganz spezielle Sorte an Filmen, die ich hier nicht beim Namen nennen werde – es ist alles in schier grenzenloser Menge verfügbar. Auf Filmseiten kannst Du gegen eine Gebühr auch aktuelle Filme ansehen.

Weil ich Dir aber nicht einreden will, eine Couch-Potato zu werden, die mit dem Laptop auf dem Schoß dasitzt und sonst nichts tut, stelle ich Dir noch ein paar andere Aktivitäten vor.

Webdesign ist eine komplexe Aufgabe, die gleichwohl für viel Freude sorgt. Moderne Content Management Systeme sind zum Teil kostenlos verfügbar, wie zum Beispiel Wordpress, und erlauben es, mit relativ wenig Vorkenntnissen ansprechende Seiten zu bauen.

Okay, lass uns hier noch einen Absatz einbauen. Was ist ein Content Management System? Ziemlich einfach. Das Internet besteht aus Billionen von Dokumenten und Dateien, die alle miteinander vernetzt sind. Früher war ein Web-Dokument nichts anderes als ein Brief oder ein Prospekt, so wie Du ihn auch auf Papier kennst. Jedes dieser Dokumente musste aber programmiert werden in einer Programmiersprache namens HTML – HyperText Markup Language.

Heutzutage ist das alles viel einfacher. Im Internet findest Du nicht mehr einzelne Dokumente, sondern leere Blätter mit lauter Platzhaltern drauf. Diese Platzhalter – das können Texte, Bilder, Videos oder andere Multimedia-Inhalte sein – werden je nach Anlass in dieses leere Dokument geladen. Genau das macht ein Content Management System – oder kurz: CMS. Du selber musst nur noch dafür sorgen, dass die aktuellen Inhalte zur Verfügung stehen, damit das CMS sie ins leere Dokument laden kann.

Und damit zurück zum Thema: Willst Du Deine Enkel beeindrucken? Dann mache eine Familien-Webseite mit Kinderbildern, Urlaubserlebnissen und Erinnerungen an Weihnachts- und Osterfeste.

Du hast als Rentnerin viel erlebt, wovon es zu erzählen wert ist. Schreibe doch darüber deinen eigenen Blog, den Deine Kinder und Enkel, Freunde und Nachbarn lesen. Menschen, die Deine Gedanken zur Lage der Nation, zur Vergangenheit und Gegenwart, aber vielleicht auch Deine Reiseberichte oder ganz allgemeinen Weisheiten lesen wollen, loggen sich dann regelmäßig ein und erfahren, was Du so von Dir zu geben hast.

Facebook ist nicht nur eine Seite, wo man Videos von tanzenden Babys teilt, sondern die für Facebook typische Zeitleiste kannst Du auch wie ein Tagebuch verwenden. Schreibe erwähnenswerte Dinge aus Deinem Leben als Rentnerin, poste Fotos dazu – und wenn Deine Familie weit weg wohnt, dann kann sie so doch immer an Deinem Leben teilhaben.

Tipp: Das Internet ist ein virtueller Raum, in dem man leicht Wochen und Monate verprassen kann. Wenn es für Dich etwas Neues ist, dann setze Dich nicht unter Druck. Nimm Dir die Zeit, unnötige Videos anzuschauen oder überflüssige Berichte zu lesen oder Mini-Games zu spielen. Schließlich willst Du ja alles mal gesehen haben. Achte aber darauf, dass das irgendwann mal wieder vorbei ist, und Du zur eigentlichen Planung übergehen kannst.

Berufscoaching – Anderen in deinem ehemaligen Berufsfeld unterstützen

Ich habe es ja schon ein paarmal erwähnt: Du hast in Deinem Leben wahrscheinlich viel gelernt und beherrschst eine Menge nützlicher Dinge. Vor allem im Vergleich zum theoretischen Wissen aus Schulen und Universitäten sind Deine Erfahrungen für den, der sie nicht hat, Gold wert. Dabei ist es egal, was einmal Dein Beruf war – es gibt immer Menschen, die Dein Wissen und Deine Erfahrung gerne hätten.

In Berufscoaching-Programmen kannst Du Dein Wissen weitergeben. Der Rahmen spielt dabei keine Rolle. Ob Du dazu von Unternehmen oder Kammern, von Behörden oder Regierungsorganen eingeladen wirst – es ist nichts unmöglich, und es ist alles erlaubt. Auch wenn Du unentgeltlich irgendwo sprichst, dann werden Reisekosten und Aufwendungen für Verpflegung erstattet.

Offizielle Programme sind selten, so wird es an Dir sein, über IHK oder Volkshochschulen – oder entsprechende Seiten im Internet - Dein Angebot zu unterbreiten und zu sehen, wer darauf reagiert.

Tanzen – Sport der Spaß macht

Wer heute Pensionärin ist, dürfte glücklicherweise in einer Zeit aufgewachsen sein, in der man als Jugendlicher noch Manieren beigebracht bekommen hat. Dazu gehört, dass die meisten aus dieser Generation eine Tanzschule besucht haben. Schon damals war das Tanzen eine wunderbare Gelegenheit, Menschen kennenzulernen – vor allem diejenigen des anderen Geschlechts. Was liegt also näher, als die alten Schritte und Figuren aus Tango, Walzer und Cha-Cha-Cha mal wieder aus dem Sack zu holen. Erinnerst Du Dich noch daran, dass Männer beim Tanzen immer Mangelware waren? Wenn Du Deinen Mann mitnimmst, wird er es lieben, und wenn Du alleine kommst, dann werden sie Dich dort lieben. Wenn Du jetzt in eine Tanzgruppe, Tanzschule oder einen Verein eintrittst, wirst Du schon von Anfang an einen Heldenstatus haben.

Beim Tanzen hast Du den großen Vorteil, dass Du Dir in Ruhe heraussuchen kannst, wie akrobatisch es zugehen darf. Wenn Dir Rock'n'Roll und Merengue zu viel abverlangen, dann tanzt Du Walzer und Rumba mit. Auf jeden Fall hast Du wieder die Kombination aus Bewegung und Kontakt mit anderen Menschen, die einfach immer ideal ist.

Tipp: Ein Ausflug zum Tanzen ist eine gute Gelegenheit, mal Deinen feinen Zwirn in die Öffentlichkeit zu tragen. Passt das Kleid noch? Jetzt ist die Zeit, das herauszufinden.

Musik

Wer musiziert, hat deutlich mehr vom Leben. Wann hast Du zuletzt ein Konzert besucht oder selbst die Saiten Deiner Gitarre gezupft? Viele Damen im besten Alter und Frauen, die gerne singen, treten einem Chor bei. Was bringt Musik in der Gemeinschaft für einen Mehrwert für Dich ein? Ganz einfach, es ergeben sich folgende Vorteile daraus, wenn Du nicht alleine musizierst:

- Du lernst bei Musik mit anderen viele Gleichgesinnte kennen.
- Dein Gehör und Ausdruck funktionieren harmonischer, wenn Du auf die Stimmen und Klänge der anderen hörst.
- In der Gruppe macht musizieren mehr Spaß, weil dadurch die Sensibilität gegenüber anderen gefördert wird.
- Ihr plant in einem Chor oder in einer Band ein paar Auftritte, die Dich selbst in Sachen Selbstbewusstsein stärken werden. Wer will nicht einmal auf einer großen Bühne stehen?
- Bei regelmäßigen Terminen in einem Chor, bei einer Band oder in einem Orchester raffst Du Dich in gewohnter Form auf, aus dem Haus zu gehen.

Du siehst: Musizieren bereitet große Freude! Ein Grund mehr, jetzt damit zu beginnen, ein neues Musikinstrument zu erlernen oder Dein Können rund um Gitarre, Posaune, Keyboard, Flöte, Klarinette und Co ganz neu unter Beweis zu stellen. Wann willst Du damit beginnen, Deine Freude an der Musik mit anderen Menschen zu teilen?

Fotografie

Auch die Fotografie ist ein Hobby, für das die Zeit perfekt ist, um damit zu beginnen, denn die Hardware wird immer billiger. Sicher, ein schönes Motiv suchen und dann darauf halten, war schon früher keine wirkliche Kunst. Aber Langzeitbelichtungen in schwachem Licht oder von bewegten Objekten, oder Experimente mit Mehrfachbelichtungen oder bewusst falschen Einstellungen benötigten viele, viele Versuche, in denen ein Foto gemacht, akribisch die Einstellungen notiert und dann auf das fertig entwickelte Foto gewartet wurde. So konnte der Fotograf nach und nach seine Kamera kennenlernen und die richtigen Einstellungen ermitteln.

In der heutigen Zeit digitaler Fotografie kannst Du stattdessen sofort sehen, wie das Foto geworden ist. Viele der automatischen Einstellungen machen das Fotografieren narrensicher, und durch die Preise, die für alle elektronischen Dinge immer am Fallen sind, musst Du auch kein Vermögen mehr für das Equipment ausgeben. Nicht wenige wirklich bekannte Fotografen haben ganze Bildbände veröffentlich, bei denen die Fotos mit dem Smartphone gemacht wurden. In modernen Samsungs und iPhones sind heutzutage extrem gute Kameras verbaut, nicht selten mit Markenlinsen von Zeiss.

Für das wirklich gute Foto zählt deswegen mehr denn je das Auge des Fotografen. Wenn Du den richtigen Blick entwickelt hast, dann siehst Du auch, welche Szene oder welches Motiv wirklich gut auf einem Foto wirken wird.

Tipp: Wenn Du jetzt noch Deine Fotografien mit Deinen Schreibkünsten kombinierst und aus jeder guten Fotoserie einen Blogbeitrag machst, dann kann es durchaus passieren, dass Du im Internet eine gewisse Berühmtheit erlangst.

Radfahren

Radfahren ist ein interessantes Thema, denn mit dem Begriff ‚Radfahren' allein ist noch gar nichts gesagt. Natürlich kann ich Dir nur empfehlen, Einkäufe und Friseurbesuche – oder was sonst noch fällig ist – mit dem Fahrrad zu erledigen, alleine schon deshalb, weil Du dann etwas Bewegung bekommst, die Du mit dem Auto nicht hättest, weil Du so die Straßen nicht verstopfst und weil Du so kaum Abgase produzierst. Aber Fahrradfahren ist wesentlich mehr als das. Der Eine ist dann glücklich, wenn er stundenlang einen Berg hochkurbeln darf. Das kann auch für Dich das richtige sein. Meist findet das im Wald statt, Du hast dann auch im Sommer genug Schatten, um nicht zu heiß unter dem Helm zu werden. Mountainbikes sind mit niedrigen Gängen ausgestattet, die es Dir erlauben, auch längere Passagen steil bergauf zu fahren – in entsprechend langsamem Tempo.

Am anderen Ende sind die Rennradler. Denen kann der Boden nicht glatt und eben genug sein, denn auf der Rennmaschine gleitet der Radler fast lautlos durch die Landschaft und macht dabei richtig Distanz. Auf entsprechenden Straßen mit einem Rennrad am Tag 100 Kilometer zu fahren, ist selbst für einen untrainierten Radler nicht völlig unmöglich.

Wenn Du nicht zu den durchtrainierten Gesellen gehörst, aber trotzdem etwas sehen willst von der Gegend, dann ist für Dich vielleicht ein Pedelec das richtige. Dabei hilft Dir ein im Tretlager verbauter Elektromotor bei der Pedalarbeit, so kommst Du ohne viel Anstrengung sehr weit in der Gegend herum. Das Pedelec-Prinzip ist aber so gestaltet, dass es ohne Arbeit nicht geht, also musst Du immer Treten, wenn Du vorankommen willst. So hast Du das gute Gefühl, dass Du etwas geleistet hast, auch wenn Du vom E-Motor Unterstützung bekamst. Gerade mit dem Pedelec kannst Du auch weitere Fahrten machen, um in der nächsten Stadt Freunde zu besuchen, zum Verein zu gehen oder Einkäufe zu machen. Pedelec statt Auto ist ein Konzept, das Geld spart, oft auch Zeit (denn die Parkplatzsuche entfällt), und Dir Bewegung an der frischen Luft verschafft.

Tipp: Wenn Du Dir erst noch ein Fahrrad anschaffen musst, lass Dir nichts von einem Händler aufschwätzen. Die Technik moderner Fahrräder wird zwar mit jeder Generation noch ein Bisschen verbessert, aber Revolutionen gibt es nicht mehr. Unter den ganz enthusiastischen Bikern zählt aber immer nur das neueste Material, und so gibt es einen regen Handel mit gebrauchten Rädern, die nur eine Saison oder zwei gefahren wurden, aber nur noch ein Bruchteil des ursprünglichen Neupreises kosten. Frage Deinen Händler, was er an Gebrauchträdern anbieten kann, denn oftmals geben die Käufer eines Neurades ihr altes Fahrrad in Zahlung. So kommst Du an echtes Spitzen-Material zum kleinen Preis.

Meditieren

Meditation ist ein interessantes Thema. Ausnahmsweise hat dieser Bereich nichts mit Sport und nur selten mit frischer Luft zu tun. Meditation dient der inneren Ruhe und Ausgeglichenheit, und soll dazu führen, dass sich in Dir ein Zustand völliger Harmonie entfaltet. Es gibt verschiedene Formen von Meditation, und das Gute ist – wie schon so häufig – dass Du Dir selber raussuchen kannst, wovon Du glaubst, dass Du das meiste mitnehmen wirst.

Meditation wird in unterschiedlichen Formen angeboten, oft stehen fernöstliche Lehren dahinter, die die Grenzen zum Spiritismus verwischen. Informiere Dich am besten im Internet über die verschiedenen Formen. Hier zähle ich Dir ein paar auf, nach denen Du dann gezielt suchen kannst:

- Stille- oder Ruhemeditation

- Transzendentale Meditation
- Zen-Buddhismus
- Tantra
- Yoga
- Osho
- Metta
- Vipassana
- Kundalini

Wenn Du unbedingt an der frischen Luft sein willst, dann schau einmal, ob es bei Dir am Ort eine Thai-Chi-Gruppe gibt. Die versammeln sich nämlich oft einfach nur im Park – für jeden, der gerne teilnehmen will.

Tipp: Wundere Dich nicht, falls Du bei der Recherche zum Thema Meditation nichts findest, das Dich anspricht. Der spiritistische Teil, der in jeder Meditationsform mitschwingt, erwartet von Dir eine gewisse Bereitschaft, Dich damit auseinanderzusetzen. Manche nüchternen, sachlichen und erdverbundenen Menschen haben diese spiritistische Ader einfach nicht, und können daher über Meditation nur den Kopf schütteln.

Kultur und Geschichte

Kultur ist ein wichtiges Medium, bei dem Du selbst aktiv sein kannst oder auch passiv kulturelle Veranstaltungen besuchen kannst – und das in zahlreicher Form. Wann zuletzt hast Du ein Kabarett mit Freunden genossen oder warst selbst bei einer Vernissage zu Gast? Kultur ist ein so umfassendes Thema. Wer weiß, ob in Dir vielleicht sogar ein großes Talent steckt? Vermutlich willst Du selbst einen Malkurs im Ausland belegen, bei Wanderungen geschichtliche Hintergründe neu erlernen, oder Dich in Sachen Stadtbesichtigungen so bereichern, dass es Deinen Geist und Deinen Kulturgenuss erheblich erweitern wird.

Ich biete Dir jetzt ein paar Möglichkeiten an, wie Du Dich bei den Themen Kultur und Geschichte bei Deinem Abenteuer Rente selbst aktivieren kannst:

- Vernissagen oder laufende Ausstellungen gibt es in jedem kleinen Ort und jeder Stadt ausreichend zu finden. Hast Du Dich darüber im Kultur-Führer oder im Netz schon schlau gemacht?
- Wenn Du eine neue Stadt besuchst, solltest Du Dich erst einmal in Form einer Stadtbesichtigung genau über die Umgebung informieren.
- Geschichtliche Hintergründe zu erkunden ist spannend. Macht es damit nicht noch mehr Spaß, neue Kontakte zu knüpfen? Wer weiß – es gibt kulturelle und geschichtliche Diskussionen, bei denen sicher auch Dein Wissen gefragt ist!
- Egal, ob Theater, Kabarett, Oper, Operette, Kleinkunstbühne oder andere kulturelle Veranstaltungen: Viele Bühnen bieten ein Abo für Rentner an, das noch dazu preisgünstig zu erstehen

ist. So wirst Du in regelmäßigen Abständen kulturell gefordert.

Du siehst an diesen Beispielen: Wenn es um Kultur und Geschichte geht, musst Du oft keine groß geplanten Reisen unternehmen, damit Du Deine Gehirnzellen und auch Deinen Organismus in Schwung hältst. Bitte nimm auch in dieser Angelegenheit Dein Schicksal selbst in die Hand. Kaum eine Organisation wird auf Dich zukommen, um Dich als neues Kultur-Mitglied zu werben. Ist es nicht ein großer Vorteil, dass Du jetzt viel, viel Zeit dafür finden kannst, das geschichtliche und kulturelle Angebot in Deiner Umgebung ganz neu für Dich zu entdecken?

Auch bei der Organisation von Vernissagen der Durchführung von Theaterveranstaltungen und Co werden immer Helfer gesucht, die sich ehrenamtlich mit einbringen. Vielleicht ist es genau für Dich die passende Gelegenheit dazu, dass Du Dich selbst in Form eines Ehrenamtes stark machst und daneben noch in den Genuss des ein- oder anderen Kulturstückes kommst? Dabei lernst Du noch jede Menge neuer Leute kennen, Du siehst: Du schlägst mit Aktivität beim Thema Kultur und Geschichte gleich mehrere Fliegen mit einer Klappe!

Handarbeit

Handarbeit klingt langweilig und nach „alter-Frau-Beschäftigung!“? Pustekuchen! Natürlich kannst Du beim Handarbeiten zwangsläufig an den geknüpften Wandteppich der Ur-Ur-Oma denken, der noch heute die Gänge im Keller schmückt. Doch in der heutigen Zeit ist Handarbeit viel mehr, als mit Wolle und Nadel zu arbeiten. Natürlich freuen sich viele Mitglieder aus der

Familie über selbstgestrickte Socken, einen warmen Wollschal als Weihnachtsgeschenk oder das gehäkelte Stofftier für das Enkelkind. Doch es zählen in unserer schnelllebigen, manchmal sehr kühlen Welt (in der heutigen Zeit) ganz andere Werte: Nachhaltigkeit und Geschenke, die mit purer Liebe hergestellt sind! Selbstgemacht ist in – es liegt mehr als im Trend! Jeder kann sich heute für wenig Geld nahezu alles aus jedem Ort der Welt im Internet bestellen. Was jedoch ist das Besondere an einem von Dir selbst kreierten Gegenstand? Richtig: Er ist ein Unikat! Er ist Dein individuell hergestellter Gegenstand, den es nur ein einziges Mal auf der Welt gibt! Viele Menschen wissen diesen individuellen Einsatz von Dir wieder mehr als zu schätzen.

Ich stelle dir nun ein paar gute Möglichkeiten vor, die Dir vielleicht auch nicht ganz neu sind, wie Du mit einer Handarbeit Dich selbst sinnvoll beschäftigen kannst und dabei voll und ganz das Thema Nachhaltigkeit erfüllst:

- Lerne, wie Du Papier selbst herstellen kannst und schöpfe Dein eigenes Briefpapier.
- Die moderne Kräuter-Küche ermöglicht es Dir, viele schöne Küchen-Geschenke von Hand herzustellen. Egal, ob es der Kräuter-Essig ist, die Erdbeermarmelade mit Basilikum, der Pflaumensaft vom eigenen Garten mit einem Schuss Ingwer oder die eingeweckten Dill-Gurken der Extraklasse: Handarbeit aus der Küche ist einfach Handarbeit. Viele Kochsendungen bestätigen: Mit kreativer Handarbeit liegst Du auch in Sachen Gaumen-Spaß voll und ganz im Trend der Zeit!
- Mit Wolle, Faden und Garn kannst Du mehr Handarbeiten verrichten, als nur zu stricken. Nähe

Dein eigenes Faschings-Kostüm oder das für das Enkelkind! Vollende Deine Näh-Künste in einem Patchwork-Kurs, in dem Du lernst, Stoffreste sinnvoll zu verwerten. So kannst Du alter Kleider gut wiederverwenden und auf eine ganz neue Art und Weise Deine Freude entdecken.

- Hast Du schon einmal versucht, aus alten Jeans einen witzigen Jeans-Rucksack für Deine Tochter zu nähen? Sie wird sicher daran Freude haben, Deine gut getragenen Hosen auf neue Art und Weise zu präsentieren.
- Handarbeit bedeutet auch, dass Du zum Beispiel aus gut gereinigten Katzenfutter-Dosen eine witzige Einkaufstasche nähen kannst. Hier macht es Dir und Deiner Mieze sicherlich Spaß, neues Futter nach dem Kauf nach Hause zu transportieren, oder?

Du siehst: Handarbeit zeigt Dir immer wieder neue Facetten auf, die sich durch kreative Ideen auftun. Sieh Dich bei der Volkshochschule um, welche Kurse angeboten werden, wie Du Holzfenster selbst umarbeiten kannst oder aus Papier, verschiedenen Düften oder anderen Naturschätzen selbst kreative Geschenke zaubern kannst. Im Internet kannst auch Du selbst einmal googeln, welche Art der Handarbeit für Dich bei Deiner Freizeit-Gestaltung in Frage kommt. Bitte zeige hier allen, was Du draufhast, und dass Du moderne Waren selbst herstellen kannst, die es nur ein einziges Mal auf der ganzen Welt zu finden gibt.

Handarbeiten bringen einen großen Vorteil mit sich: Du kannst diese Tätigkeit immer verrichten, wenn Dir danach ist. Du benötigst dafür keine anderen Personen und bist zu Hause aus meist so beschäftigt, dass Du am Abend stolz in Dein Bett fällst. Ist dies nicht die beste Bestätigung dafür, dass Du ein rundum erfülltes Leben führst?

Politische und kirchliche Aktivitäten

Politische Aktivitäten oder kirchliches Engagement sind nicht die Sache von jedem Mann bzw. von jeder Frau. Allerdings gibt es viele Rentnerinnen, die sich stark machen für eine bessere Welt und dabei zeigen, dass sie etwas verändern möchten. So musst Du ganz sicher nicht gleich selbst Kanzlerkandidatin der Bundesrepublik Deutschland werden, damit Du Dein politisches Interesse aktiv bekundest. Wie sieht es in Deiner Gemeinde mit der Aufstellung des Gemeinderates aus? Willst Du Dich vielleicht auch in Deiner Pfarrei aktiv beteiligen? Natürlich sind Politik und Kirche immer sehr individuell zu handhabenden Themen, über die auch sehr oft geschimpft wird. Doch – brauchen wir nicht alle Menschen wie Dich, die den Mut mitbringen, wirklich die Welt ein Stückchen besser zu gestalten? Setzte Dich für Deine Meinung ein – die Welt braucht selbstbewusste Frauen wie Dich!

Ich persönlich denke, dass Du sicher weißt, wenn Du selbst das Talent in Dir trägst, dass politisches und kirchliches Engagement zu Dir passen kann! Folgende Aktivitäten bieten sich für Dich an, damit Du Dein Abenteuer Rente ganz neu für Dich entdecken darfst:

- Beteilige Dich an Podiums-Diskussionen. Bringe Deine Meinung selbstbewusst ein.

- Tritt einer Partei bei und sieh Dich dabei um, wie Du Dein Engagement zum Wohle aller zum Einsatz bringen kannst.
- Willst Du bei einem Volksbegehren andere Menschen von einer guten Meinung überzeugen? Hier ist Deine Arbeit sicher gefragt!
- In jeder Pfarrei oder Gemeinde sind Menschen gesucht, die sich um administrative Aufgaben wie Flyer verteilen, Blumenschmuck, Organisation von Tagungen oder Festen und vieles mehr stark machen.
- Zeige Dich selbstbewusst und voller Energie, indem Du Dich für eine Meinung einsetzt. Dadurch stärkst Du nicht nur deine rhetorischen Fähigkeiten, sondern zeigst auch allen, dass Du eine aktive, agile und starke Frau bist.

Wie denkst Du über das Thema politisches oder kirchliches Engagement für Dich persönlich nach? Ich bin mir sicher, dass vielleicht auch in Dir ein kleines Talent steckt, Dich selbst für die Gemeinde und eine bessere Welt stark zu machen. Der Weg ist das Ziel – versuche, Dich aus Überzeugung Schritt für Schritt an ein neues Thema heranzuwagen, das Deinem Charakter und Deinem Naturell entspricht. Was hast Du dabei schon zu verlieren?

Politisches und kirchliches Engagement verschafft Dir Ansehen und kann Dich erheblich dabei voranbringen, neue Menschen kennenzulernen. Die Welt braucht Menschen wie Dich, die sich für eine bessere Zukunft für sich selbst mit Sinn für unsere Kinder, Enkelkinder und deren Nachkommen engagieren.

Du hast jetzt hübsches Bündel von Ideen an Deiner Hand, wie Du Deine Freizeit aktiv so gestalten kannst, damit sie zu einem großen Gewinn für Dein Leben wird. Vielleicht fallen Dir auch andere Ideen ein, wie Du Deine Freizeit exakt so gestalten kannst, damit sie für Dich zum Highlight Deiner Rentenzeit wird. Tanze, reise, male, singe – hab Spaß bei Deinem persönlichen Abenteuer Rente! Die Liste der 21 Methoden ist noch längst nicht vollständig!

Kapitel 6

7 Verhaltensmuster, welche deinen Ruhestand zum Alptraum machen

Der beste Ratgeber ist immer derjenige, der Dir Schritt für Schritt erklärt, was das Richtige zu tun ist. Auf diese positive, zielgerichtete Art wird sichergestellt, dass nicht mit viel Philosophieren die Zeit verschwendet wird. Dennoch habe ich ein komplettes Kapitel den Warnungen vor Verhaltensweisen gewidmet, die Du auf jeden Fall vermeiden solltest. Dabei ist es wichtig, dass Du ein Gespür dafür entwickelst, das Dich früh davor warnt, in falsche Verhaltensmuster abzurutschen. Und wenn ich von ‚falsch' schreibe, dann geht es nicht darum, dass Dir in diesem Buch etwas vorgeschrieben wird, an das Du Dich halten sollst, sondern es geht um die Warnung vor Dingen, die Dir konkret schaden.

Langeweile und Nichtstun

Sicher ist es keine Überraschung, wenn in meinem Ratgeber – der Dich von der ersten Seite an zu einem aktiven Lebensstil motivieren soll – vor dem Müßiggang gewarnt wird. Es liegt darin eine große Gefahr, zu sagen: jetzt bin ich im Ruhestand, ich lege erst einmal die Füße hoch und lasse die Sache langsam angehen. Zu Beginn des Buches habe ich Dir gesagt, dass es gut ist, sich genau diese Zeit zu nehmen, das Nichtstun zu genießen und in dieser Zeit Gedanken zu machen, in welche Richtung Dein Ruhestand sich entwickeln wird.

Wichtig ist dabei, dass diese Ruhephase von Anfang an auch einen bestimmten Endpunkt hat. Die Gefahr, die ich gerade erwähnt habe, ist, dass Füße hochlegen und abwarten zur alltäglichen Standardverhaltensweise wird. Wenn Du da nämlich einmal richtig drinsitzt, dann wird es immer schwerer, Dich dazu zu motivieren, wieder rauszukommen und aktiv zu werden.

Deshalb wisse, dass Du gerne Pause machen darfst, aber sei Dir auch bewusst, dass die Pause ein Ende haben muss.

Tipp: Wenn Du Dir zu Beginn Deiner Rentenzeit eine Zeit des Nichtstuns dieser Art gönnen willst, dann nimm Dir eine Liste an Themen vor, die Du während der Ruhephase durchdenken willst. Dann hast Du gleich ein Ziel vor Augen, nämlich in der Ruhezeit die generelle Richtung Deines Ruhestandes festzulegen.

Fernsehen und übermäßiger Alkoholkonsum

Wie viele Abende hast Du schon mit einem Glas Wein in der Hand Shopping-Queen angesehen, oder mit einem Glas Cognac einen spannenden Krimi verfolgt? War das jemals schlecht? Und jetzt komme ich, und versuche Dir einzureden, dass Du das vermeiden sollst. Da kann ich Dich aber gleich entwarnen. Wir sind hier keine Apostel oder Prediger. Und doch: wie fast alles im Leben ist auch der Bereich Fernsehen oder Alkohol eine Frage des Maßes. Nicht jeder liebt Shopping-Queen und Krimis, vielleicht ist es ein Liebesfilm oder eine Dokumentation, und wenn Du Dich auf eine Fernsehübertragung freust, und Dir dazu ein Glas Deines Lieblingsgetränkes einschenkst, dann bin ich die letzte, die Dir das ausreden will.

Dennoch kennen wir alle mindestens einen Menschen, der über Fernsehen und Trinken viele andere Dinge schleifen lässt, der sich dann nur noch gehen lässt, der den ganzen Tag über im Pyjama auf dem Sofa sitzt, der die Körperpflege vernachlässigt, und so weiter. Das ist genau der Punkt, an dem es zu spät ist, denn aus diesem Trott wieder herauszukommen, erfordert eine gewaltige Anstrengung. Damit Du also erkennen kannst, dass sich diese Haltung gerade anschleicht, gebe ich Dir ein paar Warnsignale mit, anhand derer Du sehen kannst, ob Du gerade kurz davor bist, die Kontrolle an Fernsehen und Alkohol zu verlieren:

- Du schenkst vor dem 12-Uhr-Läuten das erste Mal nach
- Du hast am Ende des Tages vier oder mehr Stunden vor dem Fernseher verbracht
- Du schaust nicht bestimmte Programme, auf die Du Dich schon Tage vorher freust, sondern lässt Dich wahllos von dem berieseln, was gerade gesendet wird
- Du trinkst nicht ein bestimmtes Getränk, das vielleicht Dein Lieblingsgetränk ist, sondern irgendwas, dass Du gerade im Haus hast – Hauptsache, es ist Alkohol drin

Wenn Du diese Verhaltensweisen an Dir selber entdeckst, dann ist es Zeit, nochmal eins der vorangegangenen Kapitel dieses Buches zu lesen, und sich zu einer Aktivität motivieren zu lassen.

Alte, eingefahrene Routinen

Routinen nehmen Dir viele Entscheidungen im Alltag ab. Mit Routinen kannst Du Dir sehr viel diszipliniertes Verhalten angewöhnen. Aber gerade darin, Dir Entscheidungen abzunehmen, liegt bei den Routinen auch eine Gefahr. Eine Routine wie „um zehn Uhr mache ich immer Pause und trinke einen Kaffee" hindert Dich jeden Tag daran, um neun Uhr nach dem Frühstück eine ausgiebige Wanderung im Wald zu machen. „Am Samstag bleibe ich immer bis Mittag im Bett" verhindert effektiv, dass Du bei Dir am Ort auf dem Wochenmarkt einkaufen gehen kannst. Du siehst, worauf das gerade herausläuft.

Um zehn die Kaffeepause, um zwölf die Fernsehshow, um eins das Mittagessen und um drei der tägliche Mittagschlaf. Um sechs Uhr das Abendbrot und um acht Uhr die Tagesschau – und schon ist der Tag verplant und erlaubt Dir keine einzige Aktivität mehr.

Ein aktiver Lebensstil würde Dich jeden Tag überlegen lassen: habe ich gerade Lust auf einen Kaffee? Das ist vielleicht gar nicht der Fall, dann kannst Du ihn Dir auch sparen. Oder Du hast schon um halb zehn Lust. Dann kannst Du Kaffeepause machen und um zehn sitzt Du schon auf dem Fahrrad. Wenn Dir die Routinen alle Entscheidungen abnehmen und Deinen Tagesablauf zur robotischen Wiederholung machen, dann sind sie auf jeden Fall schädlich!

Tipp: Überlege dir, wie Du tägliche Routinen in ‚gute' und ‚schlechte' unterteilen kannst. Behalte die guten bei und versuche bei den schlechten, immer eine bewusste Entscheidung für oder gegen etwas zu treffen und setze diese Entscheidung anstelle der Routine.

Negative Lebenseinstellung

Sicher denkst Du Dir, dass eine Diskussion zum Thema negative Lebenseinstellung für Dich überhaupt nicht relevant ist, weil das Dich nicht betrifft. Schön, wenn es wirklich so ist. Wann hast Du Dich das letzte Mal:

- über Merkels Flüchtlingspolitik oder ihre Energiewende geärgert?
- über katastrophale Spiele der deutschen Nationalmannschaft aufgeregt?
- über das Wetter geschimpft?
- den Autofahrer vor Dir angebrüllt?

Also – vielleicht bringt Dich all das wirklich nicht aus der Ruhe. Wenn aber auf eine oder mehrere der Fragen Deine Antwort war: das kommt eigentlich öfter vor! – dann solltest Du Dich im Vergleich dazu fragen: wann hast Du das letzte Mal öffentlich das schöne Wetter gelobt? Und das nicht nur in Gedanken, sondern in Worten, die von anderen Menschen gehört wurden.

Ich will Dir nichts Schlechtes einreden. Dennoch sei denen, die wirklich eine negative Lebenseinstellung an sich festgestellt haben – oder die davon schon länger wissen – ein paar hilfreiche Ratschläge an die Hand gegeben. Die stellen sich die Frage: wie kann man eine negative Lebenseinstellung vermeiden, oder loswerden? Den ersten Schritt haben wir gerade schon hinter uns gebracht: uns der Situation überhaupt bewusst zu werden. Von da ab ist es nicht mehr schwierig. Frage Dich: woran denkst Du als allererstes, wenn Du morgens aufwachst?

- Positiv: „mmhh... gleich werde ich einen heißen Café au Lait in der Morgensonne genießen"
- Negativ: „schon wieder aufstehen... da habe ich keine Lust drauf!"
- Neutral: „oh Mann, ich muss dringend... jeden Morgen das Gleiche!"

Nur wenn Du in die zweite Kategorie fällst, gibt es wirklich etwas zu tun. Nimm Dir einen Gedanken, über den Du Dich immer freust, wenn Du ihn hast. Eine schöne Begegnung mit einem Mann, den Du mal hattest, Deinen Lieblingsenkel oder einen frisch servierten, großen Teller mit Deiner Leibspeise. Versuche jeden Morgen gleich nach dem Aufwachen diesen einen Gedanken in den Kopf zu bekommen, vor allen anderen. Allein diese Übung ändert den kompletten Start in jeden neuen Tag.

Die zweite Übung kannst Du den ganzen Tag durch machen. Setze bewusst, gezielt und von mir aus auch gekünstelt einen Gesichtsausdruck auf, der Glücklichsein, Frohsinn oder Freude ausdrückt. Versuche, diesen glücklichen Gesichtsausdruck im Idealfall den ganzen Tag beizubehalten. Die Gesichtsmuskeln melden dem unterbewussten Gehirn, dass alles super-gut ist, und das Gehirn gewöhnt sich daran, als wäre es wirklich so. Das

Bizarre daran ist, es dauert nicht lange, dann fühlst Du das wirklich als Dauergefühl: gute Laune und Frohsinn.

Tipp: Dinge, von denen Du schon vorher weißt, dass sie Dich aufregen werden, kannst Du ja mal für eine Weile gezielt vermeiden.

Angst vor dem Altwerden

Sicher hast Du damit gerechnet, dass wir irgendwann auch über das Thema Altwerden und damit verbundene Ängste sprechen werden. Wir kommen auch nicht daran vorbei – älter werden wir alle und können es nicht verhindern. Aber Du musst ja nur auf die vorangegangenen Kapitel schauen. Es ging die ganze Zeit darum, fit zu sein, agil zu sein, aktiv zu sein, gesund zu leben, die Zeit mit positiven Dingen zu verbringen oder Freunde zu treffen.

Das hält zwar alles das Älterwerden nicht auf, aber es überbrückt die Zeit mit lauter schönen Dingen, die wir genießen dürfen. Und wenn es um die Gesundheit geht, dann hast Du ein kräftiges Wörtchen dabei mitzureden, ob Du dieses Älterwerden hellwach und dynamisch verbringst, oder im Siechtum und in Selbstmitleid.

Die Schwerpunkte verschieben sich dadurch automatisch auf die ganzen positiven Aspekte – und wenn Du Dich genau deswegen immer schon auf den nächsten Tag freust, dann hat Angst gar keinen Platz mehr.

Angst vor dem Tod

Im vorangegangenen Kapitel um die Angst vor dem Älterwerden ist eigentlich schon das Gefühl mitgeschwungen, dass es vor allem um den einen Punkt geht, den wir nicht verhindern können: den Tod. Ganze Büchereien kann man füllen mit den Gedanken, die sich Menschen zum Thema Tod schon gemacht haben. Und das Sterben alleine ist ja nur eine Hälfte des Ganzen. Viel unsicherer macht uns ja auch die Frage, was danach kommt.

Die Zeit vor dem Tod sind wir ja gerade dabei, optimal zu gestalten. Wenn Du also den Ratgeber hier ernstgenommen hast und viele dieser Dinge in deinem Leben umsetzt, dann wird zumindest aus biologischer und psychologischer Sicht das Notwendige getan, um den Zeitpunkt für das endgültige Gehen zumindest mal noch nach hinten rauszuschieben. Und wenn Du Deinen Ruhestand mit schönen und aufregenden Dingen ausgefüllt hast, dann kannst Du auch immer zurückschauen und sagen, Du hast gut gelebt, bist reich an Erfahrungen, und trefflich gesegnet mit schönen Erinnerungen.

Die Frage danach, was nach dem Tod kommt, ist da schon wesentlich komplexer. Aber ich schreibe ja keinen Ratgeber über die Rentenzeit und versuche mich dann vor den schwierigen Themen zu drücken. Ich doch nicht! Also gleich rein in die Thematik.

Die Wissenschaft lässt uns bei der Frage nach der Ewigkeit ziemlich alleine. Keiner kann irgendetwas Plausibles zum Thema bringen. Immer wieder einmal berichten Menschen von Nahtoderfahrungen oder

Reisen ins Jenseits, von denen Sie wieder zurückgeholt wurden. Keine dieser Geschichten ist allerdings so überzeugend – oder auch in Übereinstimmung mit den anderen Erzählungen – dass man zwingend etwas daraus ableiten könnte. Das heißt also: Wissenschaft – zero Points!

Aus diesem Grund gibt es viele Menschen, die sind abgeklärt genug und leben in der Überzeugung, dass nach dem Tod das Leben rum ist, Licht aus, Vorhang und vorbei das alles! Diese Sicht ist sicherlich plausibel und auch gut geeignet, um mit dem Thema der Endlichkeit des Lebens fertigzuwerden. Auch wird es schwerfallen, jemandem das Gegenteil zu beweisen, der von der völlig unmystischen Beendigung der Lebenszeit überzeugt ist.

Die überwiegende Mehrheit der Menschen trägt allerdings die Überzeugung in sich, dass es nach dem Tod noch irgendwie weitergeht. Das gilt also im wahrsten Sinn des Wortes um den ganzen Erdball herum. Unser Thema wird damit richtig kompliziert, denn die Dinge, die es noch zu Lebzeiten zu bedenken gilt, um nach den Lebzeiten nicht zu den Verlierern zu gehören, sind so vielfältig wie nichts Anderes. Und das bringt ein großes Problem mit sich. Hierzu ein kleines Gedankenspiel: nehmen wir für einen Augenblick das tatsächliche, real existierende Vorhandensein universaler allmächtiger Wesen an: Gottheiten, ganze Truppen von Göttern, Energie und so weiter. Das hätte ein bestimmtes Bild ganz zwangsläufig zur Folge, nämlich dass all diese Götter, Allmächtigen, Gottheiten und Energiewesen irgendwo an einem Tisch sitzen, und sich die Arbeit aufteilen. Der eine ist für Hindus zuständig, der andere für Shintoisten, der nächste für Katholiken und wieder einer für Moslems. Juden, Sannyasin, Scientologisten, Jehova's Zeugen und Freimaurer haben alle ihren Vertreter. So weit, so gut.

Kann ja alles möglich sein. Aber fast alle Apologeten ihrer jeweiligen Richtung erzählen ihrem Kundenkreis, dass es nur die eine Möglichkeit gibt. Das wäre dann schon einmal mindestens eine echt infame Lüge. Auch dass viele dieser Denkmodelle dazu aufrufen, sich aus anderen Denkmodellen zu verabschieden, und zu diesem einen Denkmodell überzulaufen, macht nichts von alledem in irgendeiner Weise glaubwürdiger. Das ist das Ergebnis aus diesem Gedankenspiel. Und wir sind irgendwie keinen Schritt weiter.

Vor diesem Hintergrund bekommen die ganz unmystischen Einfach-nur-Sterben-und-dann-ist-alles-vorbei echten Zulauf. Aber eine Sache gebe ich Dir noch zu bedenken. Alle bekannten Denkmodelle beziehen sich auf eine höher gestellte Macht. Und sie haben alle eines gemeinsam: In ihrer Lehre ist immer eine Sammlung an Regeln und Vorschriften enthalten, die man befolgen muss, um - bei den Einen garantiert, und bei den Anderen vielleicht, wenn alles andere gut läuft - das Ticket für die Ewigkeit zu ziehen. Nur einen einzigen Fall gibt es, der völlig aus der Reihe tanzt, wie mir aufgefallen ist. Ein Fall, wo die Anhänger gleich gesagt bekommen, dass sie verloren sind, und dass sie auch keine Chance haben, daran aus eigener Kraft etwas zu ändern. Und dass die höchste existierende Macht genau aus diesem Grund einen Ausweg parat hält, der für jeden gratis zur Verfügung steht, der ihn nur annimmt – und das ist das Evangelium von Jesus Christus.

Mehr schreibe ich Dir dazu nicht, denn ich werde mich nicht dem Verdacht aussetzen, Dich für irgendeine Religion anwerben zu wollen. Aber: so wie in den vorangegangenen Kapiteln gebe ich Dir Ideen und Inspirationen, damit Du Dir darauf Deine eigenen Gedanken machen, oder in diesem Fall auch gezielt forschen kannst. Mehr kann Dir, ehrlich und realistisch betrachtet, niemand geben, wenn Du Dich mit Fragen nach dem Tod auseinandersetzt.

Tipp: Denke viel über das Gedankenspiel aus diesem Kapitel nach. Wenn jemals irgendjemand zu Dir kommt, um Dich für irgendeines dieser Denkmodelle anzuwerben, dann beschreibe ihm dieses Gedankenspiel, und fordere ihn auf, Dir plausible Antworten darauf zu geben. Kann er oder sie das nicht, dann darfst Du die weitere Beschäftigung damit als Zeitverschwendung betrachten.

Isolierung aus der Gesellschaft

Als letztes der schwierigen Themen in diesem Ratgeber schreibe ich Dir von der Abwärtsspirale, die auf jeden Fall vermieden werden muss: Die Isolation von der Gesellschaft. Warum ist das Thema so schwerwiegend? Hauptsächlich aus einem Grund. Es befruchtet sich selber. Es ist wie immer bei Abwärtsspiralen: Es kann ganz harmlos beginnen, dann führt Eins zum Nächsten und plötzlich liegt alles in Trümmern. So ist es mit der Isolation. Isolation führt zu noch mehr Isolation.

Ich habe Dir gerade geschrieben, dass alles ganz harmlos beginnen kann. Und so ist es oft. Es muss nichts Weltbewegendes sein. Achtung: es folgt ein hypothetisches Horror-Szenario. Und das geht so: Vielleicht kannst Du nicht zum Lauftreff kommen, weil Du mit Grippe im Bett liegst. Das ist ja nicht schlimm, und kann immer vorkommen. Nach zwei Wochen bist Du wieder genesen, aber fühlst Dich noch etwas schlapp. Weil Du nicht möchtest, dass die anderen aus dem Lauftreff auf Dich warten müssen, lässt Du ihn auch diesmal wieder fahren. Wahrscheinlich hätten Sie gerne auf Dich gewartet, wenn Du wirklich ein Bisschen langsamer bist, also Du vorher warst – denn sie freuen sich ja alle darüber, dass es Dir wieder besser geht. Aber so kommt es anders: Du hast bald einen Trainingsrückstand, der nicht mehr nur in der Vorstellung existiert. Als Folge davon gehst Du auch in den kommenden Wochen nicht zum Lauftreff. Deine Freunde rufen Dich an, warum Du nicht zum Laufen kommst, aber Dir ist das peinlich, zuzugeben, dass Du seit Wochen keine Turnschuhe mehr an den Füßen hattest. Also erzählst Du irgendeine Story von einem verstauchten Knöchel oder einer kranken Schwester, die Du pflegen hilfst.

Nun ist der Weg zurück auch schon vernagelt. Weil zwei Freunde aus dem Lauftreff auch im Schachclub sind, kannst Du da auch nicht mehr hin, denn sonst wärest Du ja noch mehr Fragen zum Thema Laufen ausgesetzt. Mehr Details muss ich nicht schildern. Die Serie aus Unsinn-Ausreden und weiterer Abkapselung setzt sich fort, bis Du irgendwann allein daheimsitzt, in Jogginghose und Pantoffeln, mit Wein und Fernsteuerung für den Fernseher in der Hand – und Deine Freunde rufen nicht mehr an, weil sie immer nur die gleichen Geschichten zu hören bekommen. Das kann alles richtig schnell gehen.

Nach einem halben Jahr bist Du vom Hansdampf-in-allen-Gassen zum Eigenbrötler geworden.

Du kannst Die Augen wieder aufmachen. Ich bin fertig mit meinem Horror-Szenario. Ich versuche hier, ein realistisches Bild zu malen. Eine Grippe ist harmlos, kann aber schon solche Folgen haben. Der Ruhestand ist nicht mehr die Zeit, in der die Eltern von Freunden sterben, sondern in der die Freunde selbst so langsam weniger werden. Ein Schicksalsschlag wie der Tod eines Freundes kann einen Menschen aus der Bahn werfen. Es bedarf einer ungeheuren Anstrengung, nicht abgehängt zu werden. Es ist so wie dem hypothetische ‚Du' in der Geschichte von vorhin. Nach der Grippe hätte er für sich alleine eine doppelte Laufeinheit absolvieren müssen, um wieder Anschluss zu haben. So gilt es in allen Situationen des Lebens, immer bereit zu sein, die doppelte Anstrengung hinzulegen, um nach einem Rückschlag – egal, welcher Art! – wieder im Rennen zu sein. Damit Dir das nicht passiert, ist es hilfreich, sich ein paar Markierungen in der Woche zu setzen. Hier gebe ich Dir einige Beispiele:

- Ich verbringe fünf Stunden in der Woche mit dem Lesen eines guten Buches.
- Ich treffe mich mit Freunden oder Gleichgesinnten an mindestens zwei Gelegenheiten pro Woche.
- Ich bin an drei Tagen in der Woche für mindestens eine Stunde an der frischen Luft.
- Mindestens jeden zweiten Tag arbeite ich an irgendeinem Projekt, Hobby oder einer sonstigen produktiven Sache.

Die Liste der Beispiele könntest Du endlos fortsetzen, aber es genügt, diejenigen drei auszuwählen, die für Deine typische Woche am besten anwendbar sind. Die Untergrenzen (‚5 h lesen' oder ‚3x1 h draußen sein') notierst Du irgendwo. Immer wenn einer der Werte am Ende der Woche verfehlt wurde, dann kannst Du daran erkennen, dass etwas aus dem Ruder zu laufen beginnt. Dann stelle Dich ein auf eine Anstrengung wie die doppelten Laufrunden aus dem Beispiel. Und wisse: der Anfang ist immer harmlos, und wenn Du es früh bemerkst, dann ist das Gegensteuern problemlos machbar.

Tipp: In einer Untersuchung zum Thema täglicher Routine haben amerikanische Wissenschaftler festgestellt, dass es eine Anstrengung von 5% benötigt, um eine Routine wieder aufzunehmen, die man einmal versäumt hat. Es bedarf aber 55%, wenn sie zweimal hintereinander ausgelassen wurde. Denke also dran: je früher Du Dir bewusst bist, dass Du Gegenlenken musst, desto einfacher wird es sein.

Kapitel 7

Altersarmut? – nicht mit mir! 12 Wege als Rentnerin gutes Geld zu verdienen

Viele Dinge, die ich Dir in den vorangegangenen Kapiteln vorgeschlagen habe, kann man auch in klingende Münze verwandeln. Warum auch nicht? Es ist ja nicht immer nur die Altersarmut, die wir vermeiden müssen, es ist ja auch abgesehen davon schön, ein paar Mark mehr in der Tasche zu haben. Ob es ein Freund ist, dem es finanziell schlecht geht, und dem man dann aushelfen kann – oder ob die notorisch klammen Enkel mal wieder etwas zugesteckt bekommen: Es kann nie schaden, wenn man ein paar Reserven besitzt.

Als Ratgeber der praktischen Tipps bin ich Dir ja schuldig, Ideen und Vorschläge zu unterbreiten, die Dir dabei helfen, die Taschen zu füllen. Ok, dann tue ich das.

Einen Bio-Garten betreiben und Gemüse, Kräuter, Blumen züchten und verkaufen

Wir haben einige Kapitel früher über Gartenarbeit und Schrebergärten gesprochen. Aus diesen Fähigkeiten Kapital zu schlagen, ist eigentlich naheliegend. Und das vor allem in der heutigen Zeit, wo das Prädikat ‚Bio' den Leuten zielsicher und effektiv den Geldbeutel lockert. Die Ansprüche an Bio-Gemüse betreffen nicht nur den Verzicht auf genverändertes Saatgut, künstliche Düngung oder chemische Schädlingsbekämpfung. Wichtige Argumente sind „heute früh geerntet" und „nur fünf Kilometer Transportstrecke bis zum Markt". Zu wissen, dass kein stinkender Diesel-LKW vom anderen Ende der Nation unseren Kopfsalat hierher gekarrt hat, beruhigt so manches Gewissen. Und das lassen sich die Menschen auch etwas kosten.

Du verfolgst in Deinem Gemüse-, Blumen- oder Kräuterbusiness (natürlich sind auch Früchte und Beeren erlaubt!) zwei Ziele:

1. Maximaler Ernte-Ertrag
2. Möglichst hochpreisiges Produkt

Deshalb erkundige Dich, welche Voraussetzungen dem Prädikat ‚Bio' zugrunde liegen. Auf künstliche Düngung zu verzichten heißt nicht, dass Du nicht vom nächsten Reiterhof eine halbe Tonne Pferdemist auf Deinen Beeten verteilen darfst. Auch bei der Schädlingsbekämpfung gibt es kleine Freiräume, die man kennen muss, um sie auch auszunutzen. So gelingt es Dir, auf dem zur Verfügung stehenden Platz die größtmögliche Ernte einzufahren.

Der zweite Aspekt ist der des Preises, den Deine Produkte am Markt erzielen. Zum Beispiel wirst Du nicht mehr als ein paar Euro im Jahr verdienen können, wenn Du auf Deinem Land Kartoffeln anbaust. Besser ist es, eine seltene aber herrliche Rosensorte anbieten zu können, exotische Früchte, oder irgendetwas, das Du nicht jeden Tag im Supermarkt sehen kannst. Wann hast Du zum letzten Mal Stangensellerie auf dem Markt gesehen? Oder Stachelbeeren? Borretsch? Und wirklich gut sind Kiwis, die in unserem Klima prächtig gedeihen, und im Vergleich auch noch richtig wenig Platz benötigen.

Es kann dennoch sein, dass Deine Anbaufläche so klein ist, dass es sich nicht lohnt, über ein florierendes Geschäft zu sprechen – dass sich der Aufwand mit Marktstandplatz und allem Drumherum nicht lohnt. Dann stelle Dir mal vor, Du tust Dich mit anderen Hobbygärtnern zusammen, und ihr teilt euch den Stand. Insgeheim konkurriert ihr natürlich – um den herrlichsten Kopfsalat oder den größten Kohlkopf. Nach außen hin seid ihr diejenigen, die das frischeste und schönste Bio-Gemüse aus eurem Ort anbieten könnt. Davon, dass ihr euch eigentlich dauernd gegenseitig übertrumpfen wollt, profitieren eure Abnehmer – und damit das ganze Geschäft.

Tipp: Die deutschen Marktbeschicker können echt etwas von den Hamburgern am Fischmarkt lernen. Statt einfach nur mit griesgrämigem Blick hinter dem Marktstand zu stehen, kann man auch mit ein paar Sprüchen gute Laune verbreiten, besonders schöne Produkte anpreisen, und so für zusätzlichen Zulauf sorgen. Es wird nicht lange dauern, und ihr seid nicht nur die Anbieter des besten Gemüses, sondern auch noch eine Attraktion, für die die Menschen auch aus anderen Ortsteilen angereist kommen.

Hunde/Katzen/Kaninchen/Meerschweinchen züchten und verkaufen

Für die Kleintierzucht gilt genau das gleiche Grundprinzip, wie beim Bio-Gemüse. Du hast wahrscheinlich weder den Platz dafür, noch gibt es bei Dir am Ort den Nachfragemarkt, in der Woche zwanzig Hundewelpen zu verkaufen. Wenn es nicht um reinrassige Hunde geht, dann gibt es jede Woche Dutzende Welpen, die irgendwo am Ort verschenkt werden. Damit willst Du nicht konkurrieren! Besonders bei Kaninchen oder Meerschweinchen hast Du immer die Konkurrenz der ungewollten Nachkommenschaft, die dann über Anzeigenmagazine ‚umsonst und in gute Hände abzugeben' sind.

Deswegen muss Dein Ziel bei der Tierzucht ganz klar das Besondere sein. Rassehunde oder edle Katzen. Da Du die Zeit hast, Dir das Wissen und die Expertise anzueignen, die es benötigt, bist Du viel besser aufgestellt, wenn Du

Rassehunde und Edelkatzen anbietest. Aber es lohnt sich, über den Tellerrand hinauszuschauen.

Je schwieriger es ist, für ein Tier eine für die Fortpflanzung geeignete Umgebung zu schaffen, desto besser ist der Preis dafür im Verkauf. Geckos, Salamander und Pfeilgiftfrösche sind sehr gefragte Haustiere, aber exotisch genug, um heftige Preisschilder im Zoogeschäft zu rechtfertigen. Hier setzt Du Dein höchstes Gut ein, nämlich die Zeit, die Du hast, um den Umgang zu lernen, um die Tiere zu beobachten, und um alles zu verstehen, was für die erfolgreiche Zucht notwendig ist. Gegenüber Hunden, Katzen oder Kaninchen haben die Terrarien Tiere auch noch den großen Vorteil des viel geringeren Platzbedarfs. Und noch eins ist zu bedenken: Deine frisch aufgezogenen Katzenjungen möchtest Du vielleicht gar nicht hergeben, aber zu Geckos und Salamandern baut man eher seltener eine Beziehung auf, die einem hinterher das Herz bricht, wenn die Zeit gekommen ist, das Tier abzugeben.

Und noch was: keine Angst vor Pfeilgiftfröschen! In der freien Wildbahn fressen diese Frösche andere giftige Lebewesen, meist Insekten. Daraus extrahieren sie das Gift, das durch die Hautdrüsen abgesondert wird. Hierzulande gibt es diese giftigen Insekten aber nicht. Daher kann der Pfeilgiftfrosch auch kein Gift produzieren, und dürfte eigentlich nur noch Pfeilfrosch heißen.

Tipp: Aras, Kakadus und Papageien werden meist im Herkunftsland gefangen und dann nach Europa gebracht. Vom Transport sind viele Tiere traumatisiert, eine große Zahl überlebt die Fahrt gar nicht. Es gibt nur wenige Züchter hierzulande. Wenn Du Dir hier mit entsprechender Geduld und Hingabe Erfolge erarbeitest, hast Du nicht nur ein sicheres Business, sondern Du wirst in Tierzüchterkreisen eine kleine Berühmtheit werden.

Bücher schreiben und verkaufen

Lesen und schreiben hatten wir vorher schon in diesem Buch. Und auch hier liegt ein potentielles Business versteckt. Wenn Du einen angenehmen Schreibstil hast, und/oder ein spezielles Thema, mit dem Du Dich auskennst, oder einfach eine Vorstellungskraft, die den Leser in fremde Welten entführt, ja selbst, wenn Du einfach Deine reichhaltigen Erlebnisse und Erfahrungen zu Papier bringst – dann denke ruhig mal darüber nach, Autor zu werden, Dein eigenes Buch zu schreiben, und an den Verkäufen zu verdienen.

Dein Buch einem etablierten Verlagshaus anzubieten, ist die schwierigste Herangehensweise. Wenn Dir das gelingt, dann hast Du allerdings die besten Karten, denn der Verlag wird sich dann um Werbung kümmern und darum, dass das Buch in möglichst vielen Buchläden steht. Wir werden gleich noch sehen, warum das so wichtig ist.

Bücher im Selbstverlag zu veröffentlichen, ist dagegen wesentlich einfacher, vor allem wenn es E-Books sind.

Noch einfacher ist es, einfach das Manuskript an Amazon zu schicken – die machen dann alles andere. Bei diesen beiden Varianten stellt sich allerdings ein großes Problem: Das Marketing.

Aus der Sicht vieler Menschen ist das Schreiben eines Buches selber der schwierigste Part. Das ist allerdings nicht korrekt. Beweisstück A hältst Du gerade selber in den Händen. Viel schwieriger ist es, das Buch ins allgemeine Bewusstsein zu rücken und Käufer dafür zu finden. Leider ist dadurch, dass Dein Buch bei Amazon gelistet wurde, noch kein Blumentopf gewonnen. Nun gilt es, die Marketing-Maschinerie anzuleiern. Klassische Werbung in Fernsehen, Radio und Zeitschriften ist immer eine Möglichkeit, aber da bist Du erst einmal eine Menge Geld los, bevor Du etwas zurückbekommst.

Für den kleinen Geldbeutel gibt es dort noch das Online-Marketing. Du spinnst dabei ein komplexes Netz aus Werbemethoden, Anzeigen, Goodies und Webseiten, damit der Verkauf Deines Produktes angekurbelt wird.
Ganz vereinfacht ausgedrückt lässt Du Dir dafür eine simple Webseite bauen, auf der Du ein Produkt anbietest, das der Besucher geschenkt bekommt. Haben wir vorhin über CMS und Wordpress gesprochen? Das kommt Dir jetzt zugute.

Was Du schreibst, kann zum Beispiel eine Sammlung an Kurzgeschichten sein, die Du zu einem kleinen E-Book bündelst. Um dieses Produkt zu downloaden, muss der Besucher seine Email-Adresse angeben, und erlaubt Dir damit, dass Du ihm Werbung auf die Adresse schickst. Um viele Besucher auf diese Seite zu bringen, damit Deine Adressenliste möglichst schnell anwächst, machst Du Werbung, zum Beispiel auf YouTube oder Facebook oder Google. Auf einer zweiten Webseite, die Du Dir machen lässt, kann man Dein Buch tatsächlich kaufen. Wenn Du Deine Mailingliste jetzt mit Werbung für Dein Buch bombardierst, dann kommen auch einige auf die Webseite und kaufen es. Mehr ist es nicht, aber: dabei muss alles passen. Du musst einige Fragen beantworten können.

- Wie bringe ich möglichst viele Besucher auf die Seite mit dem Goodie? Zauberwort: Traffic
- Wie bringe ich möglichst viele dieser Besucher dazu, das Goodie zu downloaden und mir dafür ihre Email-Adresse dazulassen? Zauberwort: Conversion
- Wie schreibe ich die besten Werbetexte für die Email-Kampagnen?
- Wie bringe ich möglichst viele Besucher, die auf meine Produktseite kommen, dazu, das Buch auch tatsächlich zu kaufen? Zauberwort auch hier wieder: Conversion

Für jede dieser Fragen gibt es Spezialisten, die sich bestens mit dem Thema auskennen. Viele dieser Fachleute sind auch noch so freundlich und teilen ihr Wissen mit Dir, oftmals sogar kostenlos, zum Beispiel auf YouTube. Du bist dann derjenige, der das Wissen all dieser Spezialisten zusammenbringt und auf eine Sache konzentriert, nämlich den Verkauf Deines Buches. Auch hierfür gibt es einen Fachbegriff: Funnel-Marketing. Du bist dann der King inmitten Dutzender Spezialisten für Einzelthemen.

Du wirst feststellen: der Teil des Marketings ist ungleich schwieriger, als das Buch tatsächlich zu schreiben, und der ganz große Teil der ambitionierten Autoren scheitert daran. Hier kommt Dir zugute, dass Du wirklich viel Zeit hast, Dich ausgiebig mit den Themen zu beschäftigen, um besser und erfolgreicher zu werden, als andere.

Tipp: Wenn es Dir gelungen ist, diese Marketing-Maschinerie erfolgreich aufzusetzen, dann musst Du zusätzliche Bücher in Dein Programm aufnehmen, und diese über das gleiche Verfahren verkaufen. Du hast selber nicht mehr genug Stoff für ein weiteres Buch? Dann kaufe Dir einfach ein Manuskript von einem billigen Lohnschreiber. Suche Dir ein Thema, das in Deine Marketingkette passt, und beauftrage über ein Internetportal für Freelancer (zum Beispiel www.machdudas.de) einen Schreiber, der Dir für das Thema ein Buch schreibt. Das wird Dich ein paar Hundert Euro kosten, nicht mehr.

Eine Tierpension aufmachen: Haustiere für Urlauber betreuen / Hunde Gassi gehen / sich um Pferde kümmern etc.

Haustiere sind hierzulande beliebt wie selten zuvor. Es liegt dem Menschen einfach, nicht nur anderen Menschen, sondern auch persönlich liebgewonnen Tieren Zuneigung zu zeigen. Allerdings machen Haustiere auch Arbeit, da kann man nicht mal eben sagen, ‚heute habe ich keine Lust, mein Pferd zu tränken‘. Das geht nicht. Aber manchmal kommen Dinge dazwischen, die es nicht zulassen, dass sich der Besitzer um sein Haustier kümmert. Das können Reisen sein, das kann Krankheit sein. Aber es hilft nichts – jemand muss sich um die Tiere kümmern. Hier kommst Du ins Spiel.

Versorgen, pflegen, füttern, reinigen, ausführen – alles was das Tier benötigt, und der Halter nicht leisten kann, bietest Du als Dienstleistung an. Oftmals befindet sich der Haustierbesitzer in einer Notlage, wenn er zum Beispiel kurzfristig geschäftlich verreisen muss. Entsprechend flexibel kannst Du Deine Preise gestalten.

Auch hier lohnt es sich, eine Nische zu finden und sich zu spezialisieren. Halter von edlen Siamkatzen verzichten häufig ganz auf Urlaub, weil sie ihre Tiere nicht alleine lassen können oder wollen. Wenn Du Dir für solche Haustiere das nötige Wissen anlernst und Dir den Ruf erarbeitest, auch für schwierige Kandidaten die richtige Pflege und Fürsorge aufzubringen, dann hast Du ein langfristiges Einkommen – denn die Besitzer einer Edelkatze dürsten seit Jahren nach einer Auszeit! Dagegen eine Promenadenmischung auf eine Tour an allen beliebten Piss-Ecken vorbeizuführen, das machen viele Kinder oder einsame Erwachsene auch gratis, damit willst Du sicher nicht konkurrieren.

Tipp: Geh mal auf eine Rassen-Tierschau, wenn bei Dir in der Nähe eine stattfindet. Da bekommst Du schnell ein Bild davon, welche Tiere in Deiner Umgebung beliebt und auch vorhanden sind. Darauf kannst Du Dich dann spezialisieren.

Dienstleistungen anbieten in Form von Bügeln, Putzen, Nähen oder Stricken

Du praktizierst gerne Handarbeiten und strickst oder häkelst gerne? Kaum eine junge Dame besitzt in der heutigen, schnelllebigen Zeit noch derartige Talente in ausgeprägter Form. Wenn Du gerne Handarbeiten verrichtest, werden diese Dienste nicht nur zur Weihnachtszeit gefragt, wenn gestrickte Socken auf den Adventsmärkten Hochkonjunktur haben. Handarbeiten machen Freude – übe diese so oft aus, wenn es Deinem Naturell entspricht, wie es Dir behagt. In meinen Augen ist es ein großer Gewinn, wenn Du in der schönsten Zeit Deines Lebens, ein schönes Hobby pflegst, das noch dazu geschätzt wird, indem Du den ein oder anderen Euro damit verdienst.

Tipp: Aus den Einnahmen von Haushaltsdiensten wie bügeln, stricken und Co kannst Du wieder Wolle und Utensilien für Dein persönliches Hobby finanzieren, das Dir selbst den Energie-Schub fürs Leben schenkt.

Kochen für Kinder, andere Rentner, im Restaurant

Hier decken wir einen Trend auf, der groß im Kommen ist. Menschen in Büro und Fabrik brauchen mittags etwas zu essen, aber eine Kantine hat längst nicht jedes Unternehmen. Also bleiben für die Arbeiter und Angestellten zum Mittag Butterstullen oder jeden Tag Pizza bzw. Currywurst. Wer sich gesund ernähren will und nicht jeden Tag 15 Euro übrig hat für Schnitzel und Salat, dem gehen schnell die Alternativen aus. Hier macht sich ein Trend breit, den es vor ein paar Jahren noch gar nicht gab. Oft von Rentnern betrieben machen sich einfache Garküchen breit. Dort gibt es keine große Speisekarte, sondern jeden Tag 1 – 3 verschiedene Gerichte. Die Speisen werden frisch zubereitet und in großer Menge gekocht. So bietet sich für die Gäste gesundes Essen, abwechslungsreich und frisch. Die Speisen werden nur zum Mitnehmen zubereitet, dadurch fällt die Bereitstellung einer Gaststube mit Toiletten weg. Oft bringen die Gäste ihre eigenen Tupperschüsseln mit, um Abfall durch Einwegverpackungen zu vermeiden.

In den meisten Fällen werden diese Essensstationen mit dem Mittagessen bei der Mutter verglichen, denn es gibt nur das, was angeboten wird. Keine Sonderwünsche. Es wird gegessen, was auf den Tisch kommt. Und oft ist das Essen auch so zubereitet. Ideal also für Dich, Deine Kochkünste unter Beweis zu stellen, ohne Dich mit 4-Sterne-Kochs vergleichen zu müssen. Ob Du selber eine Garküche gründen willst, oder bei einer bereits vorhandenen einmal nachfragst, ob sie an einem oder zwei Tagen in der Woche Hilfe brauchen können, hängt vor allem von der Situation ab. Es nützt ja nichts, in einem Gebiet etwas Neues gründen zu wollen, wo die Essenssituation schon abgedeckt ist.

Im kleinen Stil kannst Du eine solche Küche auch in privaten Räumen unterhalten. Ob jetzt für Schulkinder, deren Eltern beide arbeiten, oder für andere Rentner, das Prinzip funktioniert auch da. Achte nur darauf, dass das Essen immer nur zum Mitnehmen verkauft wird, sonst gilt Deine Küche plötzlich als Restaurant, bei dem alle möglichen Vorschriften und Gebühren gelten.

Noch ein letztes: Du solltest natürlich kochen können. Und vor allem lieben! Denn wenn Du 50 Portionen kochen willst, dann dauert alleine das Zwiebeln schneiden schon richtig lange!

Tipp: höre Dich doch mal in der Nachbarschaft um, wer tatsächlich an solch einem Angebot interessiert wäre, dann findest Du schnell heraus, ob sich das in Deiner Gegend lohnen würde.

Berufscoaching – Auszubildende oder Facharbeiter im alten Beruf unterstützen

Vermisst Du eigentlich Deinen alten Beruf? In fast jeder Branche herrscht das Problem, dass das ganze Wissen, das in den Mitarbeitern steckt, in Rente oder Frührente geschickt wird. In manchen Branchen ist es sogar richtig katastrophal, zum Beispiel da, wo mit alten Computern und in alten Programmiersprachen gearbeitet wird – wenn da die wissenden Mitarbeiter weg sind, dann kann plötzlich niemand mehr die Dinger am Laufen halten. Und glaub jetzt nicht, dass die nirgends mehr im Einsatz sind. Wenn Du neugierig bist, dann schau einfach einmal in einem Jobportal, wie viele COBOL-Programmierer dort gesucht werden, und dann wisse, dass diese Sprache in den 50er-Jahren entwickelt wurde.

Es ist dies sicherlich ein extremes Beispiel, vielleicht das extremste... Aber nicht nur alte IBM Mainframe-Computer, auch viele Maschinen aus dem Druckbereich oder der Metallbearbeitung sind jahrzehntelang im Einsatz und brauchen Menschen, die sie bedienen aber auch reparieren und warten können. Und wieder kommst Du ins Spiel!

Bringst Du aus Deiner Berufszeit Wissen mit, das so langsam am Aussterben ist? Du findest die Antwort auf diese Frage im Internet auf den Jobportalen. Wird Dein Wissen, Dein Bereich häufig gesucht? Dann lohnt sich ein Anruf, in dem Du kurz erzählst, wo Du Dein Wissen herhast, und in dem Du Deine Bereitschaft signalisierst, als Freelancer den Nachwuchs auszubilden.

Das geht dann meist recht schnell, wenn Deine Kenntnisse gefragt sind.

Stadtführungen anbieten

Lies nicht weiter, wenn Du in Frankenthal in der Pfalz wohnst. Für alle anderen Leser gilt, dass jede Stadt, jede Gemeinde, überhaupt jede Gegend etwas Schönes hat, weswegen anderen extra von weit her gereist kommen. Nur Frankenthal hat leider nichts davon abbekommen. In Deinem Städtchen ist es aber so: Ob schöne Gebäude, nette Traditionen, interessante Geschichten aus der Vergangenheit oder historische Figuren, die einst hier gewohnt haben – Gründe gibt es genug, Geschichten über Deine Heimatstadt hören zu wollen.

Bist Du ein Alteingesessener? Frische Dein Wissen mit noch etwas Theorie aus Büchern oder dem Internet auf, und schon kann es losgehen. Viele Stadtführer kleiden sich in alte Uniformen, sind dann Nachwächter oder königliche Ausrufer, Dir sind da keine Grenzen gesetzt. Wenn Du es geniest, ein Bisschen Show abzuziehen, kannst Du hier Spaß mit Geschäft verbinden. Dein erster Gang ist auf das lokale Tourismusbüro und – natürlich! – ins Internet, um Dein Angebot auch bekanntzumachen.

Tipp: Wenn Du nicht nur der typische Geschichtenerzähler sein, sondern Dir einen Namen machen willst, dann recherchiere die dunkleren Geschichten Deines Städtchens. Sex und Crime zieht immer! Wenn der bekannte Edelmann Wilhelm van Dingenskirchen hier gelebt hat, dann ist das eingeschränkt interessant. Wenn er aber einen missgestalteten Zwillingsbruder in ein Verlies im Keller gesperrt hat, um ihn vor der Öffentlichkeit geheim zu halten, dann wirst Du sehen, wie die Zuhörer plötzlich ihre Lauscherchen spitzen! Und keiner wird es Dir übelnehmen, wenn Du die Geschichten noch mit einigen ausgedachten Anekdoten würzest, so lange Du keine wichtigen Tatsachen dabei verdrehst.

Freie Zimmer per Internet an Reisende vermieten (AirBnB, Couchsurfing)

Lebst Du noch im gleichen Haus, das Du einst mit Deinen Kindern geteilt hast, bevor sie ausgezogen sind? Das heißt, Du hast sehr wahrscheinlich das eine oder andere Zimmer freistehen. Das ist ein gefundener Fall für AirBnB. Du kennst AirBnB nicht? Das ist ein Internet-Portal, in dem Privatleute freistehende Zimmer an Reisende vermieten. Dabei wird bewusst auf Hotelservice verzichtet. Das Angebot richtet sich an anspruchslose Touristen, die einfach nur ein Bett brauchen. Dabei wird ein geringer Betrag für die Übernachtung berechnet – oft so in der Gegend von 20 Euro. Das Geschäft kann noch erweitert werden, wenn Du ein Fahrrad zu vermieten hast, oder morgens ein kleines Frühstück servieren willst. Mit ein Bisschen Arbeit durch Saubermachen und Bettwäsche wechseln hast Du ein einfaches Nebeneinkommen. Wisse allerdings, dass diese Freiheit und Unabhängigkeit nicht jedem gefällt. Nicht nur die Hotellerieverbände sehen missmutig auf AirBnB, auch manche politischen Organe, die aus ideologischen Gründen neue Geschäftsmodelle bekämpfen, können dem Treiben jederzeit einen Strich durch die Rechnung machen. Erkundige Dich vorher, was erlaubt ist, und was nicht, und ob es inzwischen irgendwelche Abgaben gibt, die Du zu leisten hast.

Couchsurfing ist mit AirBnB vergleichbar, jedoch noch eine Stufe einfacher. Die meist jugendlichen Reisenden kommen wirklich nur, um eine Nacht auf Deinem Sofa zu schlafen. Dies wird vom Konzept her so beschrieben, dass sie dann bei Dir Gäste sind ihr euch auf die Art kennenlernen könnt. Im Gegenzug bist Du dann ebenfalls im Verzeichnis und kannst, wenn Du auf Reisen bist, Dir auf die Art eine Unterkunft besorgen. Ganz ehrlich: das muss man mögen, sonst ist es das Falsche.

Tipp: Male Dir vorher mal ein Bild von der unangenehmsten Konstellation in Deinem Kopf und prüfe Dich so, ob Dir diese Art des Geldverdienens auch dann noch gefällt, wenn es kein junger Musikstudent aus Korea oder eine nette Fotografin auf Motivsuche ist.

Produkttester

Das Internet bringt es mit sich, dass jedes Produkt, das online angeboten wird, eine gewisse Anzahl an Kundenbewertungen benötigt, damit zukünftige Käufer wissen, was andere über das Produkt denken. Dies führt zudem dazu, dass Verkaufsseiten wie Amazon ein Produkt bei der Textsuche bevorzugen, dass viele und gute Bewertungen hat.

Dieses Prinzip bringt viele Verkäufer dazu, ihr neues Produkt an eine Reihe von Testern zu verschenken, die im Gegenzug eine (natürlich positive) Kundenbewertung schreiben. Durch eine kurze Suche im Internet findest Du schnell die Produkte, deren Hersteller möglichst schnell möglichst viele Bewertungen benötigen.

Liest Du gerne? Im Büchermarkt ist es am einfachsten. Dort kannst Du Dutzende E-Books täglich kostenlos bekommen, und für die Bewertung, die Du schreibst, wird Dir häufig noch Geld bezahlt.

Babysitter

Babysitting ist ein Job, der nie aussterben wird. Wahrscheinlich hast Du ihn – bei Deinen eigenen Enkeln – schon hunderte Mal selber gemacht, allerdings ohne bezahlt zu werden. Mit diesen Referenzen im Gepäck bist Du Idealbesetzung für alle jungen Pärchen, die mal ohne Kinder ausgehen wollen. Wenn Du sowohl Mama als auch Oma bist, dann weißt Du ja ohnehin, wie mit Kindern umzugehen ist. Und wenn nicht, dann bin ich auch ganz ehrlich, dann blättere mal weiter, was es noch so alles für Dich zu tun gibt.

Wesentlich ist die Frage, wie Du überhaupt an die Babysitter-Jobs rankommst. Natürlich gibt es auch dafür Portale im Internet. Aber: Babysitting ist eine etwas heiklere Angelegenheit, weil man etwas sehr Wertvolles einem fremden Menschen anvertraut. Deswegen ist es vor allem am Anfang schwer, die ersten Jobs zu bekommen. Sieh Dich mal in der Nachbarschaft um, wer dort alles mit Kinderwagen durch die Straßen spaziert. Vielleicht kennst Du sogar jemanden davon persönlich. Erster Schritt: lasse die Menschen wissen, dass Du als Babysitter zur Verfügung stehst. Menschen aus Deiner Wohngegend kennen Dich, und selbst wenn ihr euch persönlich noch nicht bekannt gemacht habt, dann ist es schon vertrauensbildend, wenn Du sagen kannst, dass Du nur um zwei Häuserecken weiter wohnst. Vielleicht habt ihr einen gemeinsamen Bekannten oder eine Bekannte. Auch dies schafft Vertrauen. Nachdem die ersten Abende gut gelaufen sind, lasse Dich einfach weiterempfehlen. So machst Du Dir ein Netzwerk aus jungen Familien, die Dich immer wieder rufen und die Dich an ihre Freunde weiterempfehlen.

Tipp: Fange mit der Suche nach Jobs im Internet erst dann an, wenn Du wirklich schon eine Reihe an Referenzen hast. Das bedeutet auch, dass Du Dir von bereits existierenden Kunden Referenzen ausstellen lässt.

Kapitel 8

Der Masterplan – für einen aufregenden, langen Ruhestand

Wir haben Dich jetzt mit der ganzen Bandbreite beliefert, von Theorie über theoretische Praxis bis zur ganz konkreten Umsetzung im vergangenen Kapitel. Jetzt gehen wir noch einen Schritt weiter, denn die Empfehlungen, ganz konkret eine Beschäftigung zu finden, sind immer noch theoretisch, wenn sie nicht umgesetzt werden. Weil aber die Umsetzung – und dabei vor allem der erste Schritt – immer schwerer ist, als es klingt, habe ich Dir die Arbeitsblätter erstellt, anhand derer Du Dich Schritt für Schritt nach vorne arbeiten kannst.

Für die Umsetzung stellst Du Dir selber Fragen, die Du beantwortest. Aus Deinen Antworten folgen Aktionen, die Du Dir in Deinen Plan einträgst. Diese Aufgaben dienen alle einem Zweck: Sie sollen es Dir ermöglichen, Dich selber zu kontrollieren. Und warum ist das wichtig? Hier kommt ein Bisschen Psychologie ins Spiel. Der Mensch ist im Hirn einfach so verkabelt, dass ein Gedanke weniger zählt, als ein ausgesprochener Satz – und der zählt weniger, als ein geschriebener Satz. Ob Du willst, oder nicht: die geschriebenen Pläne besitzen für Dich weit mehr Verbindlichkeit, als wenn Du den Plan nur in Deinem Kopf mit Dir herumträgst.

Meine Einstellung

Ich bin dankbar für:

Vielleicht fragst Du Dich, wieso dieses Blatt mit der Dankbarkeit so hervorgehoben wird. Das liegt daran, dass ich in diesem Buch methodisch vorgehen will. Deine Grundeinstellung wird einfach mit darüber entscheiden, wie erfolgreich Deine Rentenzeit verlaufen wird.

Die Liste der Dinge, für die Du dankbar bist, dient insofern noch keinem produktiven Zweck. Sie ruft aber, durch die Beschäftigung mit der Dankbarkeit, bei Dir eine positive Grundeinstellung hervor. Hast Du die Überschrift gelesen? „Einstellung“ – darum geht es in diesem ersten Schritt.

Finde heraus was du liebst und notiere dir alle Dinge, die du ausprobieren willst:

Du denkst vielleicht, Du weißt doch schon, was Du liebst. Trotzdem hilft es am Anfang der Planung, auch diese Dinge einfach mal in loser Form festzuhalten. Für Dich wird ja vor allem wichtig werden, was Du liebst, das aber noch nicht für Dich in Erfüllung gegangen ist. Daran werden wir dann arbeiten.

In der Beschäftigung mit den Dingen, die Du liebst, sollen auch noch neue Wünsche geweckt werden. Wünsche auf Dinge, die Du noch gar nicht kennst. Nicht, dass uns irgendwann die Aufgaben ausgehen, will ich damit sagen.

Integriere neue Routinen in deinen Alltag

Du hast im Buch gelesen wie wichtig und gleichzeitig wie gefährlich Routinen sein können. Der grundsätzliche Gedanke ist der, dass Du ja auch nicht darüber nachdenkst, wenn Du Dir am Morgen die Zähne putzt – denn das ist einfach normal. So soll es auch mit Dingen werden, die uns am Anfang vielleicht unangenehm sind. Wenn wir sie als Routine etabliert haben, dann denken wir nicht drüber nach, sondern wir tun sie einfach. Das Denken und das Fertigwerden mit inneren Widerständen können wir dann für wichtige Themen reservieren.

Meine Morgenroutine:

1.

2.

3.

4.

5.

6.

Meine Abendroutine:

1.

2.

3.

4.

5.

6.

Setze dir Ziele

In jedem strukturierten Business wird nach Zielen gearbeitet. Zweite wichtige Erkenntnis sind die Statusberichte: wie weit sind wir auf dem Weg zum Ziel? Willst Du eine entspannte aber auch ausgefüllte Rente genießen? Dann hilft es einfach, von diesen Geschäftsregeln zu lernen. Vielleicht kommst Du aus einem Beruf, in dem das ganz normal der Fall war. Dann kennst Du das ja sowieso.

Nur wenn Du Ziele hast, kannst Du Dich orientieren, wo Du aktuell stehst. Die Rentenzeit soll für Dich nochmal ein mehrere Jahre anhaltender Höhepunkt in Deinem Leben werden – und ein Bisschen Arbeit darf man dann ja auch in ein solches Projekt stecken.

Meine Ziele

Monatlich

Meine Ziele

Jährlich

Plane mindestens 2-3 Reisen im Jahr (Städtetrips oder Auslandreisen)

Lass mich Dir mal eine wahre Geschichte erzählen, von einem jungen Mann, der nach Irland auswanderte, weil er dort einen aussichtsreichen Job bekommen hatte. Nach Dublin, um ganz konkret zu sein. Schon in der ersten Woche fragten ihn die neuen Kollegen, ob er am Wochenende Lust hätte, mitzukommen auf einen Trip nach Galway an die Westküste? Oder nach Donegal? Zum Ring of Kerry? Ins „Johnny Fox's" (das ist der höchstgelegene Pub der Welt)? Der junge Mann winkte ab und sagte: „danke für die Einladung, super Idee, aber ich habe vor, ein paar Jahre in Irland zu bleiben, ich muss nicht gleich am ersten Wochenende durchs ganze Land reisen". Nach drei Jahren bekam er eine Arbeitsstelle in Großbritannien angeboten, der er nicht widerstehen konnte. Also packte er wieder seine Sachen und wechselte abermals das Land. Dort angekommen, wurde ihm bewusst, dass er nie am Ring of Kerry gewesen war, dass er auch nie die hübschen Mädchen der Galway Bay gesehen und noch nicht einmal im Johnny Fox's eine Pint Guinness getrunken hatte. Jetzt wo er das Land verlassen hatte, würde er das auch kaum jemals nachholen können.

Die Reiseplanung machst Du, damit es Dir nicht so geht, wie dem jungen Mann. Natürlich fällt es leicht, zu sagen, ich habe jetzt 20 oder 30 Jahre vor mir und alle Zeit der Welt, warum also jetzt schon eine überstürzte Reiseplanung anleiern? – genau aus dem Grund, dass Du nicht in zehn Jahren feststellen sollst, dass Du in Wahrheit keinen Zentimeter mehr aus Deinem Städtchen herausgekommen bist.

Das Schöne daran ist, dass Du nicht am Ende der Ferien den Kollegen oder Schulfreunden von den tollsten Fernreisen erzählen musst, nur um mitreden zu dürfen. Du kannst Dir das raussuchen, was Dir gefällt, und seien es noch so unspektakuläre Reiseziele. Kein Gruppenzwang, kein Erfolgsdruck, nur Erholung und Vergnügen bestimmen, wo Du hinfährst.

Wo ich hin möchte und warum:

1.

2.

3.

4.

5.

6.

7.

Plane 2-3 Wochenenden zusammen mit Freunden (Bootstour, Burgbesichtigungen, Städtetrips etc.)

Willst Du noch eine passende Geschichte hören von dem jungen Mann in Irland? Ok, schade, ich kenne auch nur die eine von oben. Aber die gilt auch für kurze Trips mit Freunden. Warum ist das so wichtig? Weil Du Dich lange daran erinnern wirst. Weil Du mit Deinen Freunden später noch zusammensitzen wirst, und ihr unterhaltet euch über die Dinge, die ihr jeweils erlebt habt. Und weil ihr euren anderen Freunden, die nicht mit dabei waren, auch davon erzählen werden – und die beim nächsten Trip dieser Art mit dabei sein wollen.

Deshalb mache auch hier eine grobe Planung – und das sind im ersten Schritt einfach nur die Wünsche und die Vorstellungen. Was davon dann wirklich umgesetzt wird, das diskutierst Du mit Deinen Freunden gemeinsam aus. Dabei habt ihr gleich schon einen neuen Anlass, um gemütlich zusammenzusitzen, vielleicht bei einem kleinen Snack und einem Glas Wein. So fängt der Wochenend-Ausflug schon Monate vorher an, bevor ihr überhaupt ins Auto oder in den Bus gestiegen seid.

Aber eines gilt: ihr müsst früh planen – sonst ist am Ende das Jahr vorbei und ihr wart keinen Schritt zusammen unterwegs.

Vereinbare feste Treffen mit Freunden, welche regelmäßig stattfinden (Karten spielen, Stammtisch, Bowlen etc.)

Dieser Punkt ist wichtig, denn ihr könnt ja nicht jeden Abend über eure bevorstehenden Kurzausflüge beraten. Sicher, je nachdem, wo Du gerade wohnst, sind Skatrunden ohnehin Standard, anderswo wird schafgekopft oder tarockt. Aber bringt ein Bisschen Abwechslung rein. Wenn es mal richtig spät werden soll, dann empfehle ich einen Pokerabend.

Keine Frage, es gibt unzählige Möglichkeiten. Was aber derzeit absolut angesagt ist, vor allem unter jungen Leuten – erstaunlicherweise – das sind klassische Gesellschaftsspiele. Wenn man nicht Teil der Szene ist, dann bekommt man das gar nicht so mit – aber der Spielemarkt boomt. Laufend kommen neue Spiele heraus, die keineswegs uninteressant oder Abklatsche bekannter Spielprinzipien sind. Dort wo Dein Jahrgang noch völlig selbstverständlich einen oder zwei Bücherschränke mit den klassischen Werken von Goethe, Schiller und Lessing stehen hat, findest Du bei den heutigen jungen Leuten Schränke, die bis zur Decke mit Gesellschaftsspielen vollgestopft sind.

Wenn Du mal in die Szene eintauchst, zum Beispiel über einschlägige Internet-Foren, dann werdet ihr automatisch in Kontakt zu jungen Leuten kommen, die eine oder zwei Generationen unter euch sind. Die haben auch keine Scheu, und ihr dürft sie jederzeit zu euren Spieleabenden einladen. Lockert eure Runde durch Menschen im Alter eurer Kinder oder Enkel auf. Macht das ein paarmal, dann erwidern die auch eure Einladung.

Das wird der Hit, wenn ein paar Mädels im Rentneralter die Jugend in ‚Drecksau', ‚Dixit' oder ‚Codenames' abledern.

Aber auch alle anderen Freizeitbeschäftigungen wie Essen gehen, Kaffee trinken, Bierzelt und Bowlingbahn sind allemal eine Überlegung wert. Oder warum nicht mal Billiard, Snooker oder Flipper? Am Ende bekommt ihr noch einen Trupp zusammen, der den jungen Leuten im Laser Tag mal zeigt, wie eine erfolgreiche Kampfstrategie aussieht!

Überlege, Dir Tiere anzuschaffen (Hund, Katze, Kaninchen, Nutztiere etc.)

Ich bringe diesen Punkt noch einmal als Wiederholung. Nicht jeder hat Lust, Abende lang bei Poker oder Gesellschaftsspielen zu sitzen. In solchen Fällen stellt ein Haustier eine schöne Aufgabe dar, denn es ist ja nicht nur damit getan, morgens Schappi einzukaufen und abends auf dem Sofa den Hals zu kraulen. Mit der richtigen Pflege kann aus einem Haustier sehr viel Schönheit herausgekitzelt werden – und das gilt nicht nur für Katzen und Hunde, sondern auch für Zierfische und Terrarien Tiere.

Lerne jeden Tag dazu, um geistig fit zu bleiben

Auf jedem Buch sollte eigentlich ein Hinweis stehen, ganz groß und in roter Farbe: Achtung! Lesen gefährdet Ihre Dummheit! Der Büchermarkt ist voll mit wirklich lesenswerter Literatur – und, zugegeben, auch mit einer Menge Schund – und er wird täglich größer. Das ist eine Entwicklung, die der Prediger Salomon schon vor ca. 4000 Jahren vorausgesehen hat, das kannst Du nachlesen im Buch des Predigers, Kapitel 12, Vers 12, zu finden in der allgemeinen Lutherbibel.

Hüte dich, mein Sohn, vor andern mehr; denn viel Büchermachens ist kein Ende

Bücher sind überdies noch nicht alles. Wenn Du Deinen Kopf noch für etwas anderes verwenden willst, als zum Haare schneiden, findest Du entweder im Schreibwarenladen auf Papier, oder – natürlich wieder! – im Internet sogenanntes ‚Gehirnjogging'. In dieser Reihe wirst Du mit verschiedenen Denksportaufgaben geplagt, die Dich manchmal verzweifeln, und manchmal jubeln lassen. In jedem Fall bleibt Dein Hirn dabei fit und in Bewegung.

Das klassische Kreuzworträtsel („Grautier mit vier Buchstaben") mag Dir vielleicht zu ausgelutscht sein, dann versuche es doch Mal mit „um die Ecke gedacht". An diesen Rätseln wirst Du lange zu knabbern haben. Hast Du es lieber mit Zahlen? Dann schau Dich mal nach

Sudokus um – und wisse, dass es nicht nur die klassischen Sudokus gibt, sondern auch Quersummen-Sudoku, Größer-als-Sudoku, KenKen oder 2048. Und alles findest Du, je nachdem was Dir lieber ist, sowohl auf Papier im Bücherladen oder direkt online zu lösen im Internet.

Mache dir einen festen Ernährungsplan

Die Nahrungsaufnahme ist eins der ersten Dinge, die darunter leiden, wenn der Tagesablauf so langsam seine Struktur verliert. Den Ernährungsplan ordentlich zu führen ist daher einer der eindringlichsten Ratschläge, die ich Dir geben kann. Das dauert nicht lange, muss auch nicht überaus kompliziert sein, und hilft der Einteilung Deines Tages ganz gewaltig.

Kleiner Nebenvorteil: Wenn Du zum Einkaufen gehst, dann musst Du nur kurz auf Deinen Plan schauen, und hast auch sofort einen Überblick, was alles auf Deine Einkaufsliste gehört.

Schnaps, Wein, Rum und Whisky

Warum schreibe ich Dir einen Absatz über Spirituosen, wo ich doch vorhin erst noch so lauthals vor Alkoholmissbrauch gewarnt habe? Ganz einfach. Nicht jeder Genuss ist Missbrauch. Gerade, um sich im Detail mit Wein oder Weinbrand zu beschäftigen, ist Zeit und Ruhe nötig. Natürlich kann sich jeder einen Fusel aus dem Supermarktregal besorgen, und sich damit den Helm zuschrauben. Aber darum geht es nicht.

Blättere mal ein paar Seiten zurück. Was steht dort über gemeinsames Kochen und gemeinsames Essen? Hier liefern Barschrank und Weinregal unschätzbare Ergänzung. Ein gut ausgebauter Wein nimmt Dich, nach dem Du ihn geöffnet hast, auf eine Reise mit, er erzählt Dir eine Geschichte. Der durchschnittliche Weintrinker braucht Hilfe, um das zu erleben. Du musst ihn sozusagen auf die Reise mitnehmen. Ein echter Kenner schmeckt sofort die Nuancen nach Brombeere oder Schokolade, nach Harz oder Kirsche heraus, die ein Wein haben kann. Der Nicht-Kenner denkt nach, rätselt, zermartert sich das Hirn und kommt meistens nicht drauf. Wenn Du ihm sagst: „Zitronenschale“ – dann schlägt er sich an den Kopf, weil er es im selben Augenblick auch schmecken kann. Für diese Erlebnisreise durch gute Getränke braucht es einen, der solche Geheimnisse aufdecken kann. Wenn ihr keinen solchen in der Runde habt, warum sollst also nicht Du der Spezialist für Wein, Aperitif und Digestiv werden?

Kapitel 9

Lebe dein Leben als glückliche Rentnerin

Du siehst, wir kommen so langsam am Ende an. Klasse, dass Du bis hierhin durchgehalten hast. Ich gebe Dir abschließend noch ein paar Denksprüche mit auf den Weg, die Dich begleiten sollen, auch wenn Du das Buch gerade nicht greifbar hast. Beim Kochen, beim Radeln, beim Spazierengehen... da kannst Du Dir diese Sätze wieder vor Augen halten und darüber sinnieren.

Sei dankbar für alles

Da gibt es nichts hinzuzufügen. Dir geht es gut. Dir geht es so gut, dass es in jedem Augenblick auf der Erde deutlich mehr Leute gibt, denen es schlechter geht, als solche, denen es besser geht. Denk dran!

Sei dir bewusst, dass dein richtiges Leben gerade erst begonnen hat

Das ist die Kernaussage dieses Buches. Den schweren Teil Deines Lebens hast Du hinter Dich gebracht. Jetzt kommt der große Feierabend! Und zwar im wahrsten Sinne des Wortes.

Freue dich auf deine Zukunft

Warum sollst Du Dich auf Deine Zukunft freuen? Ist doch klar: Mit diesem Ratgeber in der Hand stellst Du sicher, dass alle Tage, die noch vor Dir liegen, besser sein werden, als diejenigen, die Du gerade hinter Dich gebracht hast.

Und lebe endlich dein Leben

Ja was denn sonst? Jetzt ist es gut mit Lesen. Zack zack jetzt ist Aktion angesagt.

Viel Erfolg damit und einen aufregenden Ruhestand!

Herzlichst,

Davina Florina

Meine Leseempfehlung

Dieses Buch eignet sich perfekt zum Verschenken an Freunde, Verwandte und Bekannte, welche sich vor- oder im Ruhestand befinden.

Machen sie Ihren Liebsten eine Freude und bereichern Sie ihr Leben.

Auf Amazon erhältlich: Endlich Ruhestand – Für Männer So wird der Ruhestand zur besten Zeit Deines Lebens – von Florian Kosta.

Einfach diesen Link in Ihren Browser eingeben:
https://www.amazon.de/dp/1092510478

Impressum

Angaben gem. § 5 TMG

Betreiber und Kontakt:
MyBestNotes – Buchvertrieb
Liebknechtstr. 30
39108 Magdeburg

Email: support@mybestnotes.de

Vertretung
MyBestNotes & Florian Kosta werden vertreten durch
Florian Kötting & Duc Ha – Buchvertrieb

ISBN:
Taschenbuch:9781079720235
Gebundene Ausgabe: 978-3-750261-62-4

Druck: Amazon KDP

Printed in Germany
by Amazon Distribution
GmbH, Leipzig

16527595R00082